Vorwort

Im Rahmen des Projekts „Schulanfang auf neuen Wegen" wurde das vorliegende Übungsmaterial am Kooperativen Bildungszentrum Seelbach entwickelt. Es kann sowohl im letzten Kindergartenjahr zur Vorbereitung auf den Schuleingangstest als auch in der ersten Klasse zur Förderung eingesetzt werden.

Die Übungen sind einfach durchzuführen und machen den Kindern Spaß. Die spielerische Form fordert und fördert die Kinder gleichermaßen. Das „Lernen" findet in einem positiven Rahmen als Nebeneffekt statt.

Folgende **Vorläuferleistungen** für das Lesen, Schreiben und Rechnen sollen trainiert werden:

1. Festigung der Händigkeit und Koordination
2. Synchrones Silbensprechen und Klatschen
3. Simultanes Erfassen von Mengen
4. Sichere Beurteilung von Seitigkeit und Raumlage
5. Verbesserung von Artikulation und Sprachgedächtnis
6. Soziale Integration in die Gruppe

Einem **ganzheitlichen Ansatz** wird in dieser Phase der Vorzug gegeben. Wer in einem Reigentanz zu einem gesungenen Lied Silbenschnitt, Wort-Akzent, Wort-Rhythmus und Endreim erlebt, ist für das Lesen und Schreiben gut vorbereitet.
Die Ergebnisse der Testleistungen jedes Kindes sind mit einem Blick auf das entsprechende Polaritätsprofil zu erfassen und – falls erforderlich – in weitere Fördermaßnahmen umzusetzen.

Sollten Sie noch Fragen haben, wenden Sie sich gerne an mich im **Forum** unter **www.abc-der-tiere.de**

Kommentar zu den Kopiervorlagen:

KV 1: Ermittlung der Mal- und Schreibhand

Didaktischer Hintergrund

Im Grunde beginnt die graphomotorische Entwicklung mit den ersten Malversuchen der Dreijährigen. Beim großflächigen Malen mit Fingerfarben vermittelt sich dem Kind über die taktile Rückmeldung in den Fingerspitzen ein Gefühl für die Ausmaße der Zeichenfläche und die angemessene Muskelkraft.
Diese Erfahrung wird auf das Malen mit Wachsmalfarben und Malstiften übertragen. Wir verwenden grifffreundliche, dreiflächige Malstifte für unsere Übungen. Während dieser Malaktionen im 5. und 6. Lebensjahr beobachten wir, welche Hand das Kind bevorzugt. Nicht alle Kinder haben in diesem Alter schon eine eindeutige Malhand entwickelt. Um Entscheidungshilfen zu geben, lassen wir die Kinder beidhändig malen. Dabei kann der Schwung und der angemessene Muskeltonus im Vergleich beider Hände beurteilt werden. **Die schwungvolle und lockere Hand soll die Mal- und Schreibhand werden.**
Selbstverständlich stützt sich die Beratung auf weitere Beobachtungen der Handmotorik bei anspruchsvollen Bewegungsaufgaben: Mit welcher Hand wird das letzte Klötzchen auf den schon leicht schwankenden Turm gesetzt? Mit welcher Hand wird ein Ball gefangen?
Die **Stifthaltung** verdient besondere Aufmerksamkeit. Nur bei korrekter „Pinzettenhaltung" kann locker aus dem Handgelenk gemalt und später geschrieben werden. Wir üben diese Haltung zwischen Daumen und Zeigefinger, indem die Kinder mit großen Pinzetten Erbsen und Bohnen in verschiedene Schälchen einsortieren.

Kopiervorlage 1 – Springbrunnen

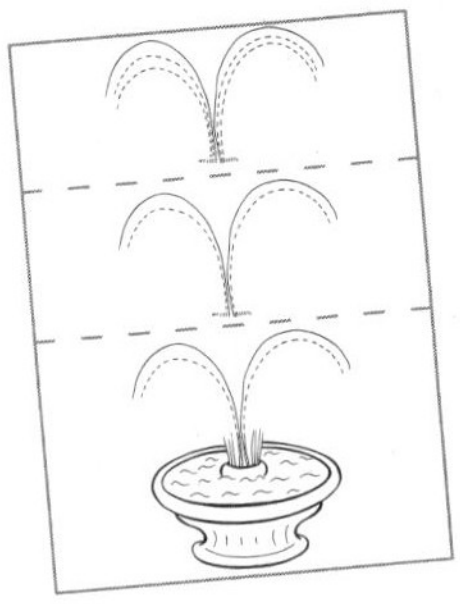

Jedes Kind bekommt ein eigenes Blatt.
Die Aufgabe soll von oben nach unten bearbeitet werden.

1. Um die Aufgabe kennen zu lernen wird zuerst die Linienschar nachgespurt. Das Kind wählt die Mal-/Schreibhand völlig frei. Die Bögen sollen zuerst entlang der Punkte und danach frei gezogen werden.
2. Im mittleren Feld zeichnet das Kind abwechselnd mit der linken und rechten Hand. Die Bögen links werden mit der linken Hand, die rechts mit der rechten Hand gezogen. Hier sind bereits Unterschiede zu erkennen.
3. Im unteren Feld wird mit beiden Händen gleichzeitig gemalt. Das Malblatt muss, um eine sichere Ausführung zu gewährleisten, mit Klebestreifen auf dem Tisch fixiert werden. Beim simultanen Malen mit beiden Händen sind die Linien auf der bevorzugten Seite deutlich schwungvoller, auf der schwächeren Seite eher „krakelig".

KV 2: Koordination von Singen und Bewegung der Malhand

Didaktischer Hintergrund

In zwanzigjähriger Förderarbeit mit Lese- und Schreibanfängern habe ich so gut wie nie erlebt, dass ein Kind, welches mit sechs Jahren Abzählreime in Silben sprechen und synchron mit der Hand deuten konnte, Schwierigkeiten im Anfangsunterricht gehabt hätte. Alle Erfahrungen auf einen Punkt gebracht lauten: **Schwache Leser und Schreiber sind asynchron.** Asynchron heißt, dass die Sinnesleistungen **Sehen** und **Hören** mit den artikulatorischen und motorischen Leistungen **Sprechen** und **Schreiben** nicht gleichzeitig abgerufen werden können. Es verhält sich so ähnlich wie beim Fahrrad- oder Autofahren: Um erfolgreich zu sein, muss ich mehrere Tätigkeiten und Beobachtungen koordiniert ausführen.
Kann ein Kind Wörter in Silben sprechen und lernt koordiniert dazu Silben in einem Zug zu schreiben, regelt sich das Schreiben fast von selbst. Das silbierende Sprechen wird zur Schreibsteuerung. Dieses steuernde Silbensprechen nennen wir **Pilotsprache**. Wie ein Flugzeugführer im Nebel auf dem Radarstrahl sicher fliegt und landet, kann ein Kind mit der Pilotsprache seinen Schreibvorgang sicher steuern.

Kopiervorlage 2 – Bienen und Blumen

Jedes Kind bekommt ein eigenes Blatt.
Die gemalten Notenblätter sind eine motivierende Übung zur **Koordination**. Asynchronität kann damit leicht festgestellt werden. Falls die Kinder das Lied nicht kennen, üben Sie es zuerst ein. Dann singen alle gemeinsam das Lied und die Kinder deuten begleitend zum Singen auf die Bienchen und Blumen. Jeder Silbe ist ein Bienchen, bzw. eine Blume zugeordnet. Die Zuordnung wird durch die verschiedenen „Tonhöhen" erleichtert. Zur Veranschaulichung befindet sich auf der Kopiervorlage der Text der ersten Strophe des Liedes von Hoffman von Fallersleben. Hier ist der vollständige Liedtext.

1. Summ, summ, summ!
Bienchen summ herum!
Ei, wir tun dir nichts zu leide,
Flieg nur aus in Wald und Heide!
Summ, summ, summ!
Bienchen summ herum!

2. Summ, summ, summ!
Bienchen summ herum!
Such in Blüten, such in Blümchen
Dir ein Tröpfchen, dir ein Krümchen
Summ, summ, summ!
Bienchen summ herum!

3. Summ, summ, summ!
Bienchen summ herum!
Kehre heim mit reicher Habe,
Bau uns manche volle Wabe,
Summ, summ, summ!
Bienchen summ herum!

Hoffmann von Fallersleben

KV 3: Koordination von Sprechen und Zeigen der Schreibhand

Didaktischer Hintergrund

Für diese Übung gilt das Gleiche, was wir zu KV 2 über die Koordination beim Singen und Zeigen gesagt haben. Beim Singen fällt das **silbenweise Zuordnen** den Kindern aber erfahrungsgemäß leichter als beim Sprechen. Beim Lied sind Takt und Rhythmus vorgegeben. Beim Sprechen müssen sie bewusst gesteuert werden.

Kopiervorlage 3 – Feuerwehr

Jedes Kind bekommt ein eigenes Blatt.
Das Kind spricht einen Zweizeiler und fährt dabei im Silbentakt mit dem Zeigefinger der Malhand von links nach rechts über die Zickzacklinie der Feuerwehrleiter. Bei korrekter Durchführung passt der Vers genau in die Leiter. Selbstverständlich kann das Bild farbig ausgemalt werden.
Mögliche Zweizeiler bestehen aus 16 Silben, z.B.:

- Eins, zwei, drei, vier, fünf, sechs, sie – ben, in der Schu – le wird ge – schrie – ben.
- Eins, zwei, drei, vier, fünf, sechs, sie – ben, ei – ne al – te Frau kocht Rü – ben.
- Es sitzt ein Bau – er auf dem Dach. Die En – ten schwim – men auf dem Bach.

KV 4: Klatschen und Sprechen der rhythmischen Kontrastpaare

Didaktischer Hintergrund

Bereits im Kindergarten lernen Kinder einfache Lieder rhythmisch zu klatschen. Nehmen wir das Lied „Alle meine Entchen". Wir klatschen die Silben des Liedanfanges in folgendem Rhythmus:

	Al – le	mei – ne	Ent – chen
Rhythmus:	kurz – kurz	kurz – kurz	lang – lang

Klatschspiele sind einfach durchzuführen und machen den Kindern großen Spaß. Die Klatschspiele zu den Kontrastpaaren sind für die weitere Entwicklung von großer Bedeutung. Wir erreichen damit, dass die Kinder die verschiedenen **Wortrhythmen** erkennen. Ähnlich klingende Wörter lassen sich so in „schnelle" und „langsame" unterscheiden. Das ist besonders für das Schreibenlernen wichtig. Denn später lernen die Kinder das „schnelle" Wort „Nüsse" spontan mit den Doppelkonsonanten „ss" zu schreiben. Das „langsame" Wort „Nase" hat nur ein „s". Dieses Gefühl für den Wortrhythmus hilft beim Schreiben aller Doppelkonsonanten einschließlich ck(kk) und tz(zz).

Kopiervorlage 4 – Kontrastpaare

Jedes Kind kann ein eigenes Blatt bekommen. Einfacher ist es das Blatt auf DIN A3 hochzukopieren und für alle sichtbar an der Tafel zu befestigen.
Wie im Lied „Alle meine Entchen" mit langen und kurzen Silben, werden in entsprechender Weise die Begriffe, welche auf dieser Seite abgebildet sind, geklatscht. Dabei wird immer das gleiche Klatschmuster (Wort-Rhythmus) angewendet:

Zählzeiten (4/4-Takt):	1 2	3	4
Rhythmus:	lang – lang	kurz – kurz	lang
	Na – se	Nüs – se	u
	Re – gen	Rü – cken	u
	Ha – ken	Ha – cke	u
	Sä – ge	Sä – cke	u
	Ka – ter	Ket – te	u

Alle auf der Seite abgebildeten Begriffe werden in diesem Rhythmus geklatscht. Die Kinder entwickeln so die Fähigkeit, die „langsamen" (lang-lang) und die „schnellen" (kurz-kurz) Wörter zu unterscheiden. Besonders anschaulich ist es, wenn Sie auf einer Trommel diese Übung im 4/4-Takt begleiten. Die beiden „langen" Silben (Na-se) werden auf den 1. und 2. Schlag gesprochen und geklatscht. Die folgenden „kurzen" Silben (Nüs-se) fallen auf den 3. Grundschlag. Auf die 4. Zählzeit rufen die Kinder ein lautes „u". Das macht Spaß und verhindert, dass die „kurzen" Silben verzögert gesprochen und geklatscht werden.
(Die Seite „Kontrastpaare" stammt aus der Übungsreihe ABC der Tiere – Spontane Schreibung der Doppelkonsonanten. Dort finden sich weitere 5 Seiten mit Wortpaaren zum Klatschen.)

KV 5: Mengen erfassen

Didaktischer Hintergrund

Für Kinder im Vorschulalter ist es von entscheidender Bedeutung, die **Anzahl der Elemente** einer Menge auf einen Blick zu erfassen. Um z.B. eine Menge von vier Elementen spontan und nicht abzählend zu erkennen, muss das Kind eine Vorstellung von der Zahl 4 haben. Der Hund wird mit seinen vier Beinen

zum Mengenankerbild, indem er angeschaut und mit dem Merksatz „Der Hund hat vier Beine" verknüpft wird. Durch die anschließende Übertragung auf andere Gegenstände (Tisch, Stuhl usw.) in der Umwelt des Kindes wird die Zahl 4 in allen Erscheinungsformen erkannt. Die Übungen mit den Mengenankerbildern werden kontinuierlich bis zur Zahl 10 gesteigert. Dabei regen wir die Kinder an, Teilmengen von 2 oder 3 Elementen zu bilden, z.B.: 2 Elemente auf der einen und 3 Elemente auf der anderen Seite ergibt die Menge 5. **So werden auch die größeren Mengen bis 10 für Vorschulkinder ohne Abzählen bestimmbar**. Die Zahlen auf einem Würfel beispielsweise können durch die Mustererkennung leichter bestimmt werden.
Um auch ohne diese Unterstützung Mengen zu bestimmen, bieten die **Dominokarten** (Siehe Schuleingangstest Kopiervorlagen 2 bis 9 zu Station 3, S. 38f) viele von der Würfelanordnung abweichende Varianten. Diese Dominokarten können ebenfalls zur Vorbereitung eingesetzt werden. Mit den Dominokarten stellen wir zunächst „Blitzaufgaben". Die Karten werden so kurz gezeigt, dass die Kinder keine Zeit zum Abzählen haben. So wechseln sie zur Strategie des Zerlegens, um über Teilmengen zum Erfolg zu gelangen. Beim eigentlichen Dominospiel erhält jedes Kind drei Karten. Eine Karte liegt in der Mitte. Wer kann zu einer Straße anlegen? Sind keine geeigneten Karten auf der Hand, werden neue abgehoben. Wer hat zuerst seine Karten abgelegt?

Kopiervorlage 5a und 5b – Mengenankerbilder

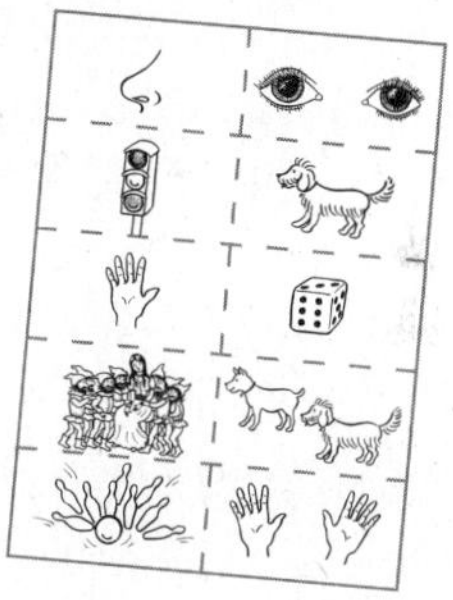

Kopieren Sie die Vorlagen auf ein Blatt DIN A3 (Vorder- und Rückseite) hoch und schneiden sie dann die einzelnen Karten aus. Es empfiehlt sich die Karten zu laminieren.
Sie zeigen eine Karte und die Kinder sprechen den zugehörigen Satz und bilden mit den Fingern die entsprechende Menge ab.
Auf der Rückseite der jeweiligen Karte steht:

1 Wir haben eine Nase.
2 Wir haben zwei Augen.
3 Die Ampel hat drei Lichter.
4 Der Hund hat vier Beine.
5 Die Hand hat fünf Finger.
6 Der Würfel hat sechs Punkte.
7 Schneewittchen wohnt bei den sieben Zwergen.
8 Zwei Hunde haben acht Beine.
9 Ich treffe neun Kegel.
10 Zwei Hände haben zehn Finger.

KV 6: Silben erkennen

Didaktischer Hintergrund

Das spontane Erkennen der Sprechsilbe fällt vielen Kindern im Vorschulalter noch schwer. Für die **Steuerung der Schrift** ist diese Fertigkeit jedoch absolut notwendig. (Vgl. unter KV 2 Stichwort „Pilotsprache")
Mit dieser Übung kann das silbierende Sprechen geübt und verinnerlicht werden.

Kopiervorlage 6 – Klatschhände

Jedes Kind bekommt ein eigenes Blatt.
Klären Sie zu Beginn die Bezeichnungen der Abbildungen (Affe, Bär, Elefant, Chamäleon, Fisch, Delfin, Kakadu, Nashorn, Maus, Löwe, Leopard, Orang-Utan, Papagei, Qualle, Seepferdchen, Tiger). Anschließend werden die Begriffe nicht mehr vorgesprochen. Die Kinder müssen die Begriffe selbstständig in Silben zerlegen. Dazu klatschen sie die Wörter

in Silben. Dann sollen sie die entsprechende Anzahl Klatschhände ausmalen. Bei dieser Übung hat jedes Kind die Chance selbstständig, ohne das Vorbild anderer Kinder nachzuahmen, zum Ergebnis zu gelangen.

KV 7: Phonetische Wahrnehmung

Didaktischer Hintergrund

Das Heraushören des Endreims in Kinderliedern ist der erste Schritt auf dem Weg zu einer **akustisch-phonetischen Differenzierung**. Solche Übungen fördern das Sprachgefühl und beugen Schwierigkeiten beim Lesen- und Schreibenlernen vor. Die Kinder lernen auf den Klang von Lauten, Silben und Wörtern zu hören. Dabei spielen Reime eine wichtige Rolle. Das Ende einer Verszeile wird als Entsprechung zur vorhergehenden Zeile erkannt. Die akustische Erwartung wird eingelöst und bestätigt.

Kopiervorlage 7 – Reimwörter

Im Anfangsstadium wird das Blatt als „Spielplan" verwendet. Sie leiten das Spiel an und sagen z.B. „Maus" und zeigen dabei auf die zugehörige Abbildung. Das Kind muss nun die Abbildung des passenden Reimwortes finden. Das Kind zeigt und spricht in diesem Fall also „Haus".

Reimpaare sind:
Maus – Haus
Wanne – Tanne
Tonne – Sonne
Nase – Hase
Schnabel – Gabel
Rose – Dose
Buch – Tuch
Teller – Keller
Schlauch – Bauch
Fisch – Tisch
Topf – Kopf
Kind – Wind
Riese – Wiese
Puppe – Suppe

Im fortgeschrittenen Stadium können Sie die Vorlage vergrößern und die einzelnen Abbildungen auseinanderschneiden und laminieren. So entsteht ein Kartenspiel, das Kinder selbstständig spielen können. Wer findet alle Reimpaare?

KV 8: Erkennen der Seitenlage

Didaktischer Hintergrund

Das Erkennen der Seitenausrichtung ist nach unserem Verständnis für die Lese- und Schreibentwicklung von ausschlaggebender Bedeutung. Typische Fehler bei unklarer Seitenausrichtung sind z.B. die **Verwechslung von d – b, ie – ei, E – 3**. Wir konnten in vielen Fällen nachweisen, dass die Kinder, nachdem sie gelernt hatten die Seitenausrichtung sicher zu erkennen, diese Fehler vermeiden konnten.

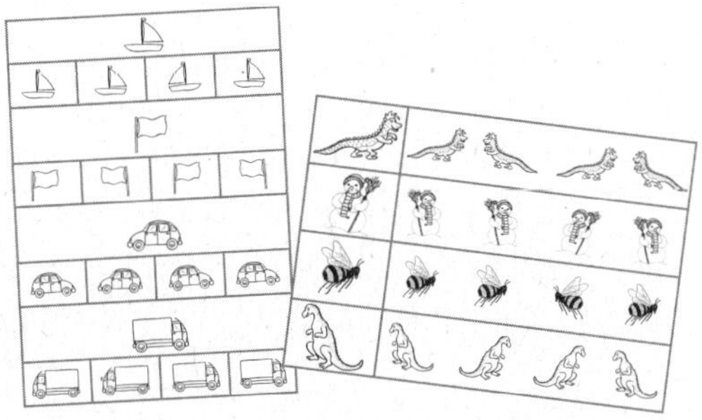

Kopiervorlage 8a und 8b – Seitenlage
Jedes Kind bekommt ein eigenes Blatt.
Auf den Arbeitsblättern sind jeweils Vorlagen mit vier Varianten abgebildet. Diese sollen hinsichtlich ihrer Seitenausrichtung verglichen werden. Abbildungen, welche in der Seitenausrichtung der Vorlage gleichen, werden mit ihr zusammen ausgemalt. Es ist einfacher die Seitenlage zu erfassen, wenn die Vorlage über den Varianten abgebildet ist (8a), und schwieriger, wenn sich die Vorlage am Rand befindet (8b).
Sie können die Aufgaben auch mit realen identischen Gegenständen (Tassen, Spielfiguren, Autos usw.) auf dem Tisch durchführen.
Z.B.: Welche Autos fahren in die gleiche Richtung?

KV 9: Graphomotorik

Didaktischer Hintergrund
Diese Malübungen haben eine zweifache Zielsetzung. Erstens soll eine grundlegende **Richtungsorientierung** (von oben nach unten, von links nach rechts) erfasst werden. Zweitens wird jede Phase der Malaktion mit einem Wort synchron begleitet. Auch hier wird das **gleichzeitige Malen und Sprechen** eingeübt. Wir haben wiederholt schon betont, dass mit dieser Technik der Schreibvorgang geregelt wird: Wir sprechen eine Silbe und schreiben sie in einem Zug. Vielen Kindern, die eine LRS-Symptomatik zeigen, fällt es schwer, diese Forderung zu erfüllen. Aus diesem Grund weisen wir mit Nachdruck auf die Bedeutung solcher Übungen hin.
Werden die Grundelemente der Schrift: Arkaden, Girlanden, Linkskreise, Rechtskreise und Schleifen im Vorschulalter geübt, kann das Kind beim Schreibenlernen darauf aufbauen.

Kopiervorlage 9 a bis k – Graphomotorische Grundübungen
Jedes Kind bekommt je ein eigenes Blatt.
Die Kinder malen synchron zu Silben und Wörtern, die sie sprechen. Je nachdem wie sauber die Striche und Linien gezogen sind, zeigt sich, wo noch weiter geübt werden sollte. Den Idealfall zeigen jeweils die Beispiele.

Kopiervorlage 9 a: gerade Strichführung von oben nach unten
Aus den Wolken fallen die Tropfen auf die Bäume oder die Schneeflocken auf den Schneemann. Die Striche sollen in einem Schwung von oben nach unten gezogen werden. Dazu wird gleichzeitig bei jedem Strich „Ab" gesprochen.

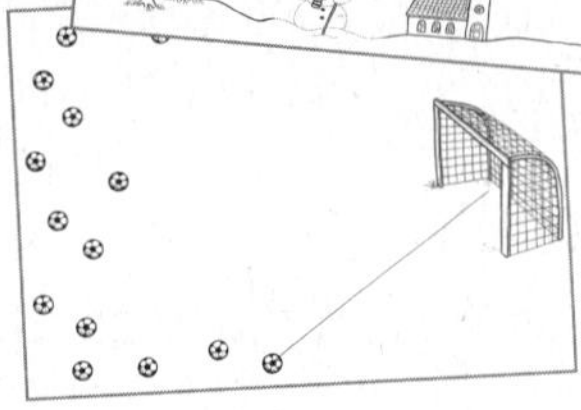

Kopiervorlage 9 b: gerade Strichführung von links nach rechts
Die Bälle müssen ins Tor. Die Striche sollen in einem Schwung von links nach rechts gezogen werden. Dazu wird gleichzeitig bei jedem Strich „Schuss" gesprochen.

Kopiervorlage 9 c: kreisförmige Strichführung links herum
Die Hexensuppe muss gut umgerührt werden. Immer wieder wird der Stift ohne abzusetzen links herum im Kreis geführt, sodass sich eine durchgängige Linie ergibt. Dazu wird gleichzeitig für jeden vollständigen Kreis „Hexensuppe" gesprochen.

Kopiervorlage 9 d: kreisförmige Strichführung rechts herum
Das Auto fährt. Immer wieder wird der Stift ohne abzusetzen rechts herum im Kreis geführt, sodass sich eine durchgängige Linie ergibt. Dazu wird gleichzeitig für jeden vollständigen Kreis „Räder rollen" gesprochen.

Kopiervorlage 9 e: Arkaden
Das Känguru hüpft über die Wiese. Die Arkadenbögen werden ohne abzusetzen gezogen. Zu jedem Bogen wird gleichzeitig „Hopp" gesprochen.

Kopiervorlage 9 f: Girlanden
Sarah surft über die Wellen. Die Girlandenbögen werden ohne abzusetzen gezogen. Zu jedem Bogen wird gleichzeitig„Schwung" gesprochen.

Kopiervorlage 9 g: Schleifen
Die Biene fliegt und der Rauch steigt aus dem Schiff. Die Schleifenbögen werden in einem Schwung gezogen. Bei jeder Schleife wird „Summ" oder „Dampf" gesprochen.

Kopiervorlage 9 h: Liegende Acht
Die Flugzeuge fliegen Figuren. Die Linie wird in der liegenden Acht immer wieder ohne abzusetzen gezogen. Beim oberen Flugzeug beginnt die Schleife nach links. In der linken Schleife der Acht wird deshalb „links herum" gesprochen und in der rechten Schleife „rechts herum". Während die Kinder die Figuren nachzeichnen, sollen sie also synchron zum Zeichnen „links herum – rechts herum" sprechen.
Beim unteren Flugzeug ist es genau umgekehrt.

Kopiervorlage 9 i: Zickzack
Die Punkte werden im Zickzack miteinander verbunden. Das Wort beim jeweiligen Punkt wird gesprochen und gleichzeitig die gerade Linie zum nächsten Punkt gezogen.

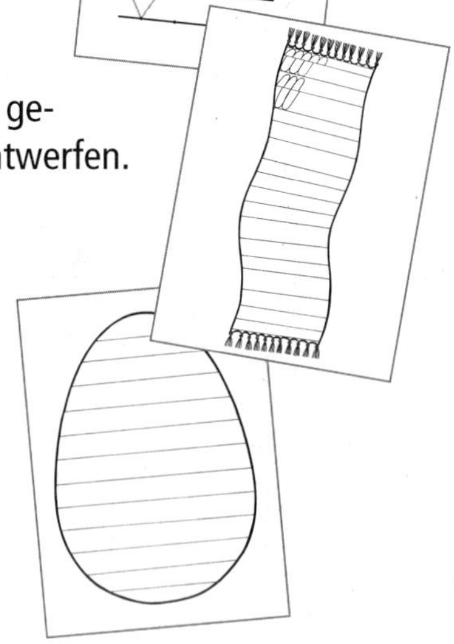

Kopiervorlage 9 j und k: Muster entwerfen
Auf dem Osterei und dem Teppich können die Kinder mit den erlernten und geübten Elementarformen (Arkaden, Girlanden etc.) verschiedene Muster entwerfen. Wer macht den schönsten Teppich?

Springbrunnen

1.

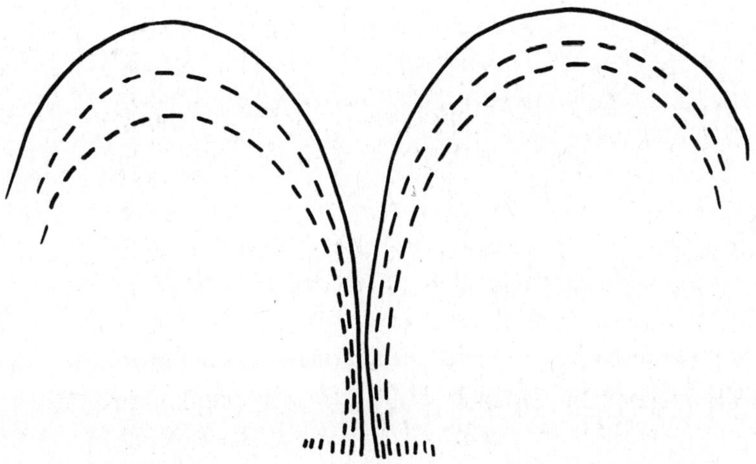

2.

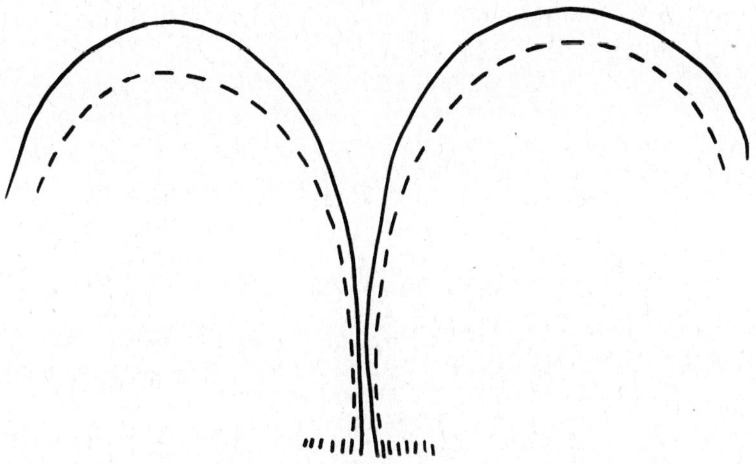

3.

Ermittlung der Mal- und Schreibhand.

Bienchen und Blumen

Summm, summm, summm! Bien- chen, summm he- rum!

Ei, wir tun dir nichts zu Lei- de,
flieg nur aus in Wald und Hei- de!

Summm, summm, summm! Bien- chen, summm he- rum!

Koordination von Singen und Bewegung der Malhand.

Feuerwehr

Koordination von Sprechen und Zeigen der Schreibhand mit Zweizeiler.

Kontrastpaare

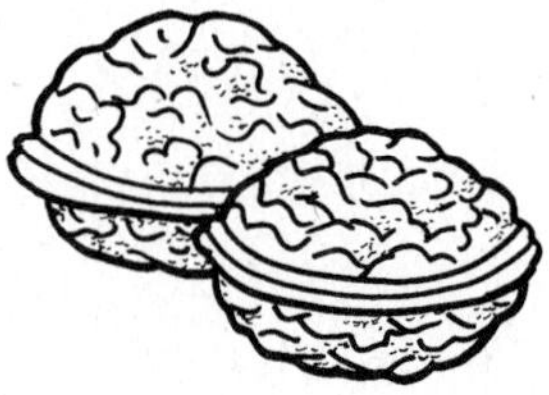

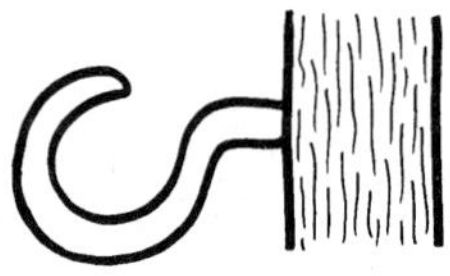

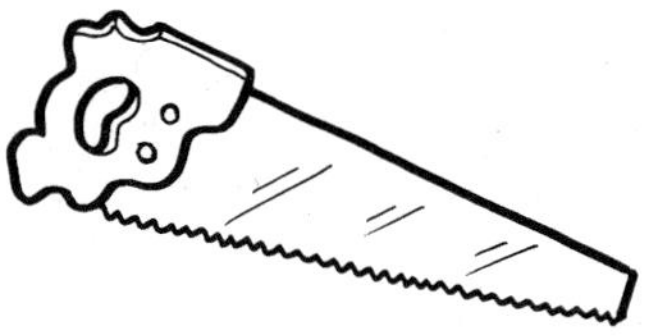

Klatschen und Sprechen der rhythmischen Kontrastpaare.

Mengenankerbilder

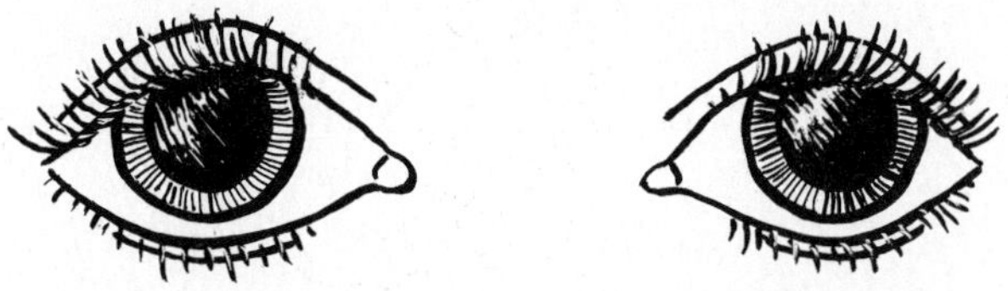

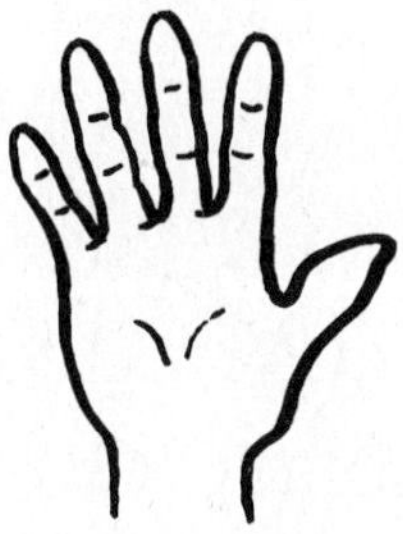

Die Texte zu den Mengenankerbildern befinden sich auf der Rückseite.

Mengenankerbilder (Merksätze)

Wir haben zwei Augen.	Wir haben eine Nase.
Der Hund hat vier Beine.	Die Ampel hat drei Lichter.
Der Würfel hat sechs Punkte.	Die Hand hat fünf Finger.
Zwei Hunde haben acht Beine.	Schneewittchen wohnt bei den sieben Zwergen.
Zwei Hände haben zehn Finger.	Ich treffe neun Kegel.

5a und 5b auf ein Blatt kopieren (Vorder- und Rückseite).

Klatschhände

Die entsprechende Anzahl der angebotenen Klatschhände ausmalen.

Reimwörter

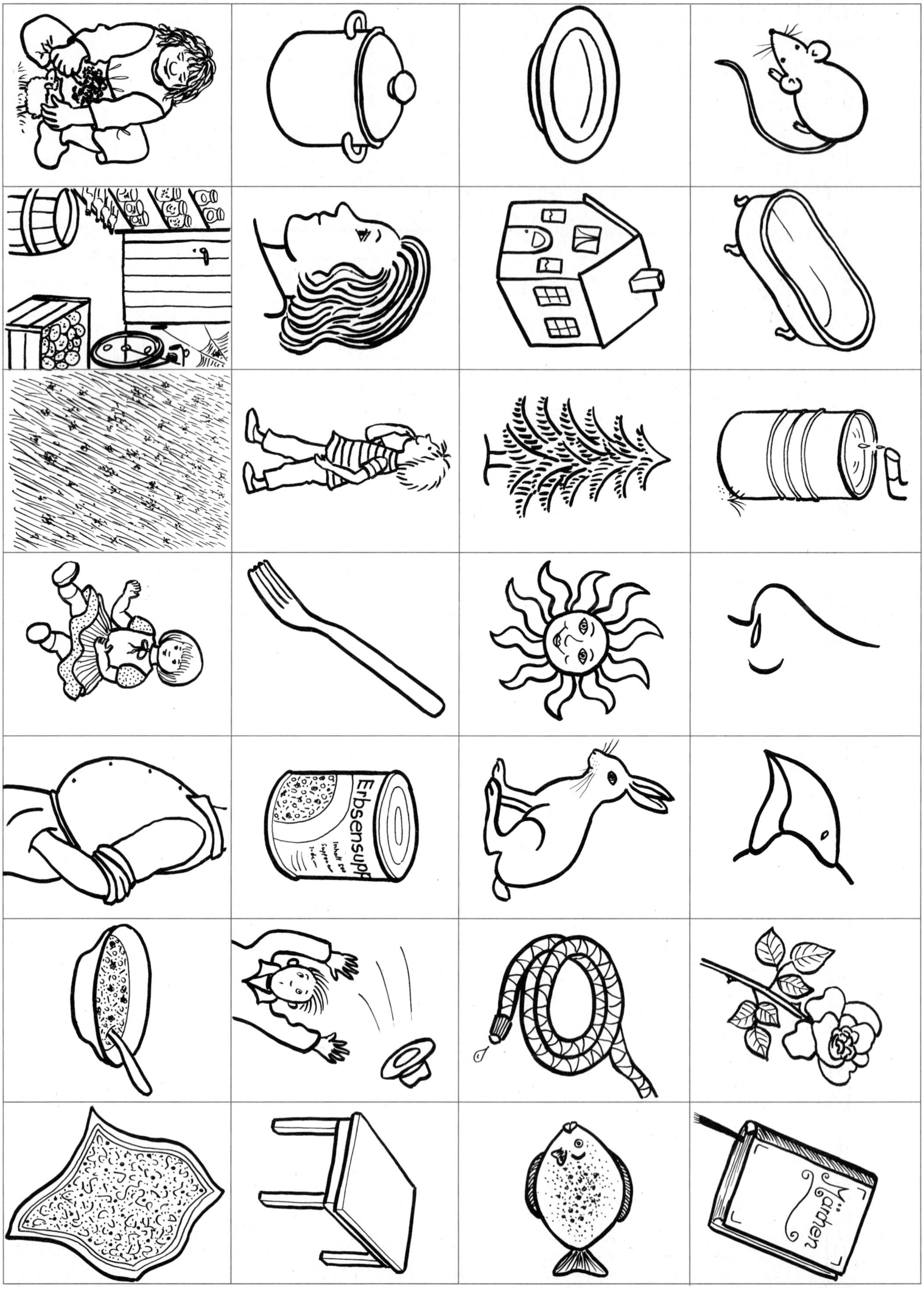

Reimwörter finden und sprechen.

Seitenlage erkennen

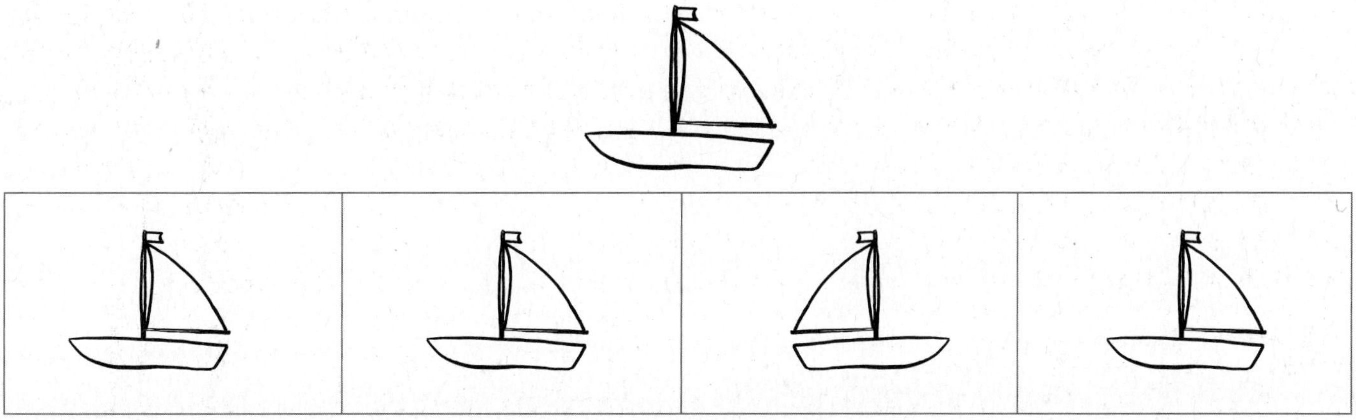

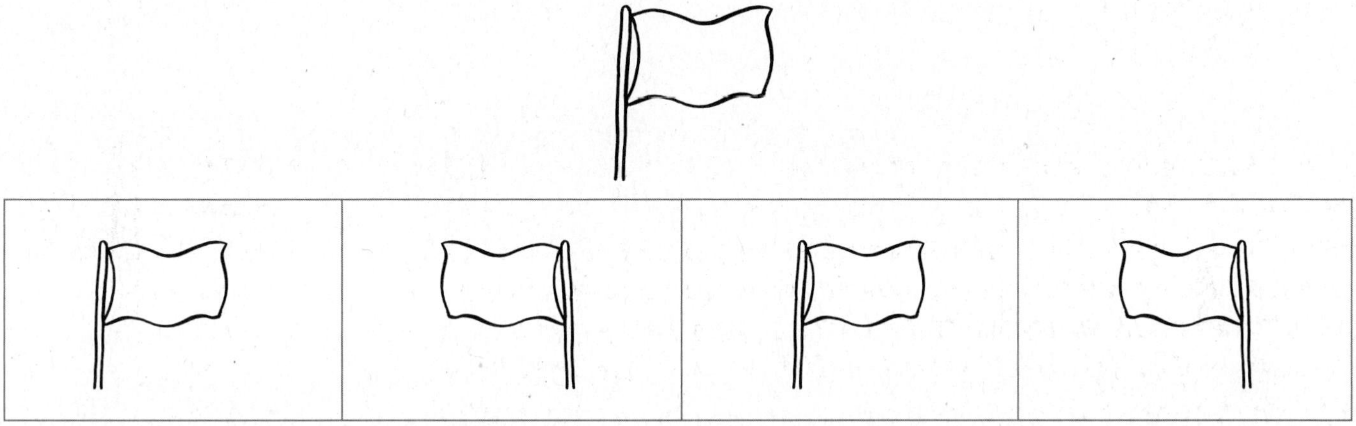

In die gleiche Richtung zeigende Objekte mit der gleichen Farbe ausmalen.

Seitenlage erkennen

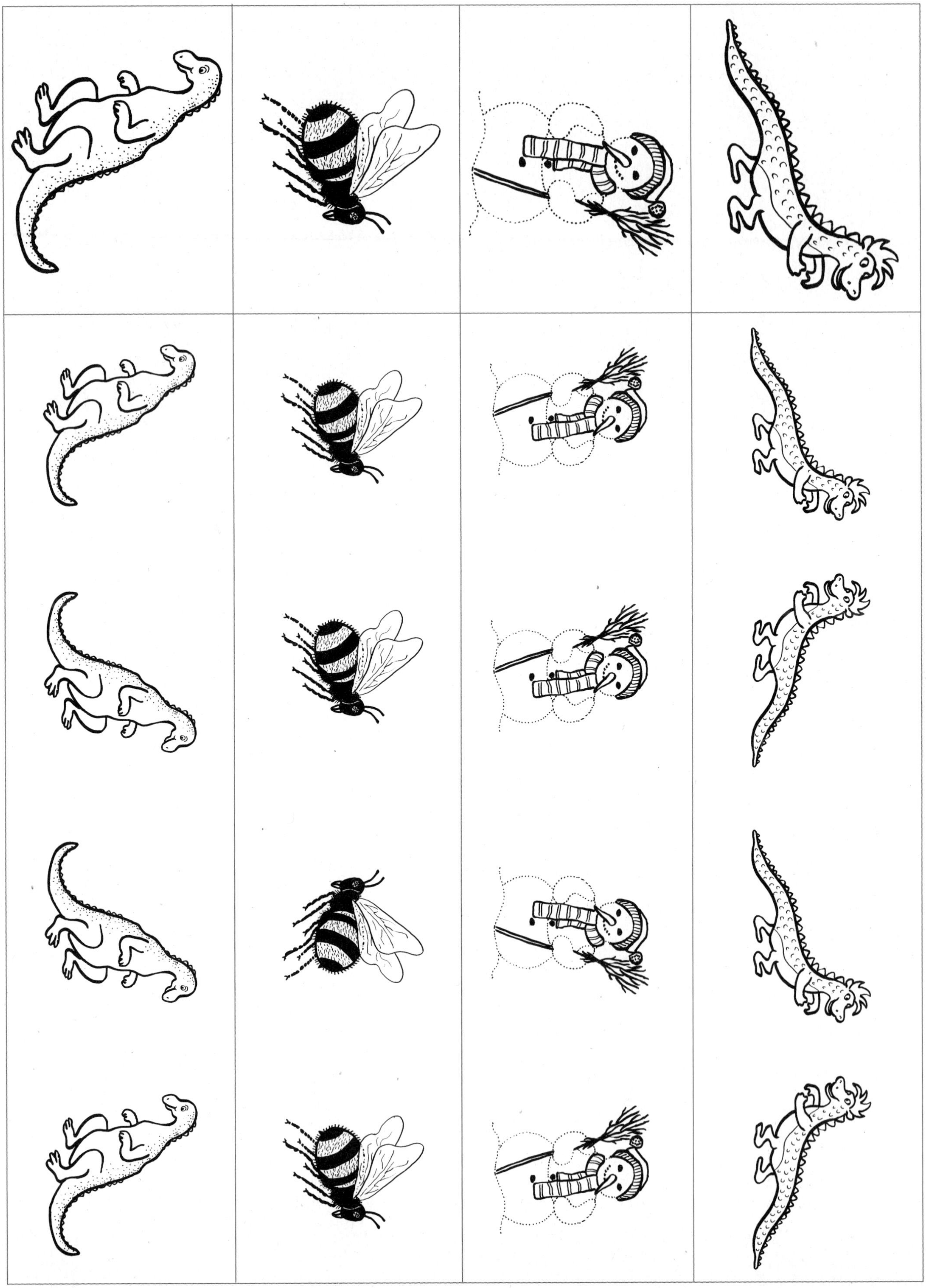

In die gleiche Richtung zeigende Objekte mit der gleichen Farbe ausmalen.

Gerade Strichführung von oben nach unten. Synchron zu „Ab".

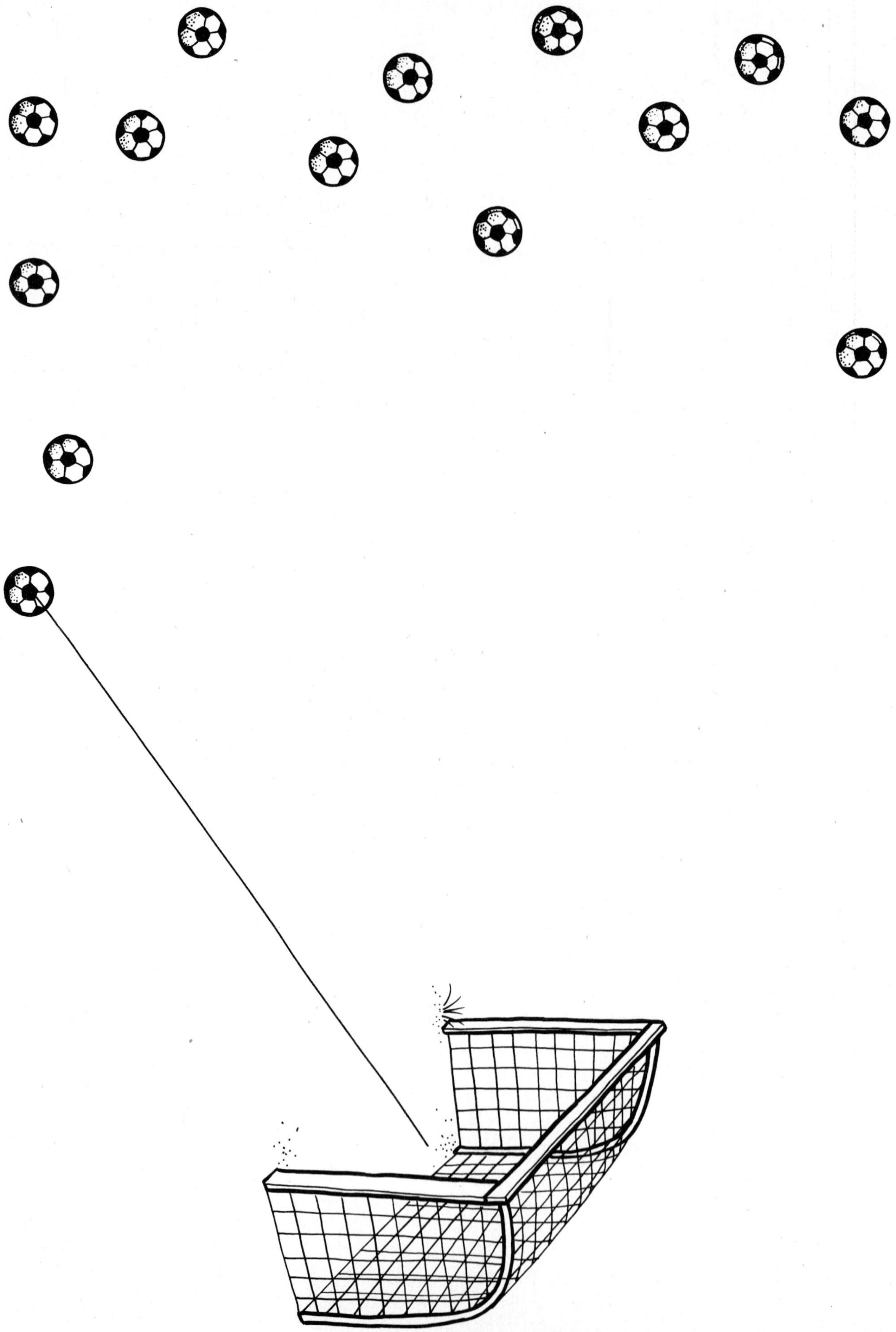

Gerade Strichführung von links nach rechts. Synchron zu „Schuss".

Graphomotorik

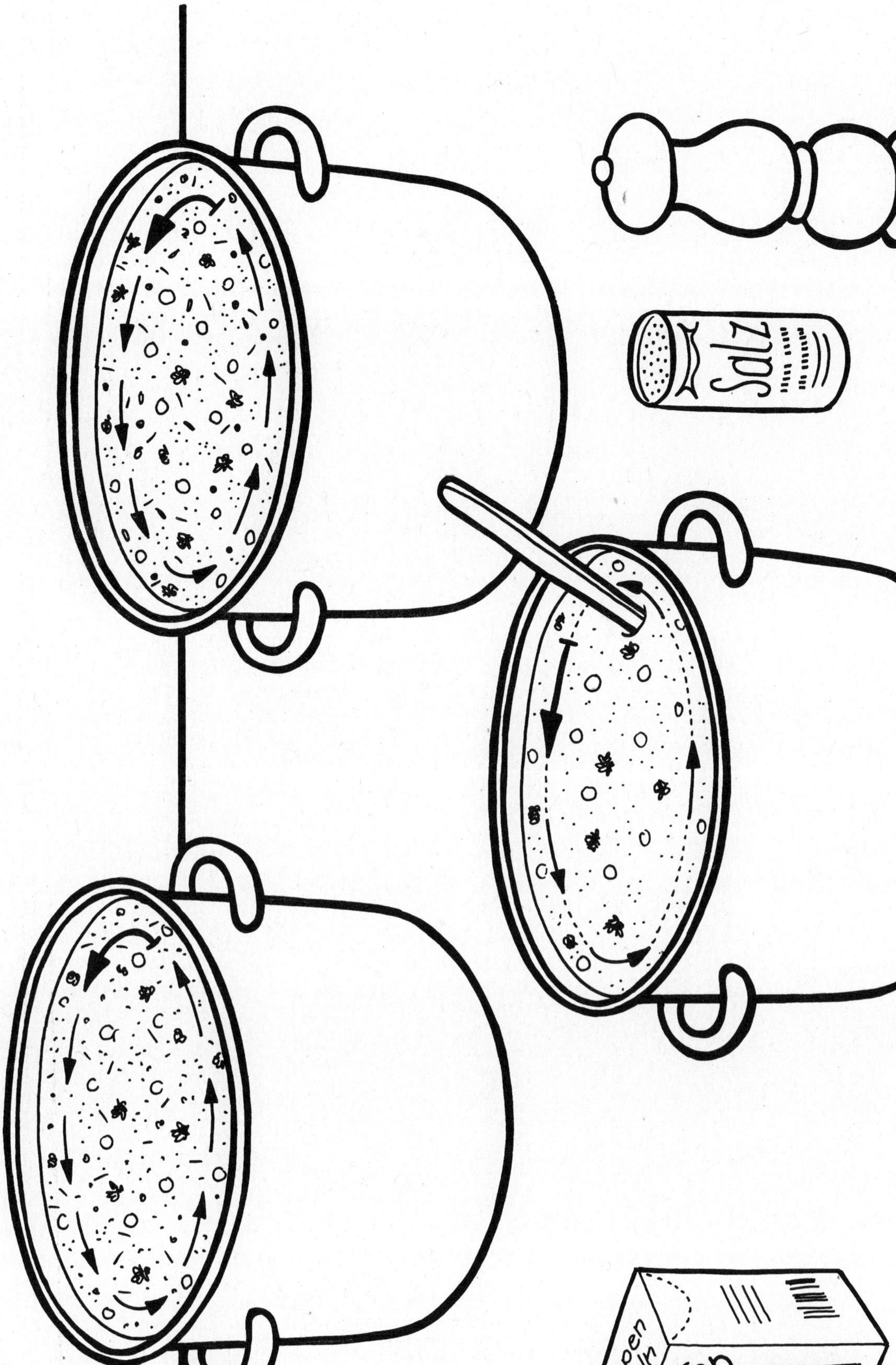

Kreisförmige Strichführung links herum. Synchron zu „Hexensuppe".

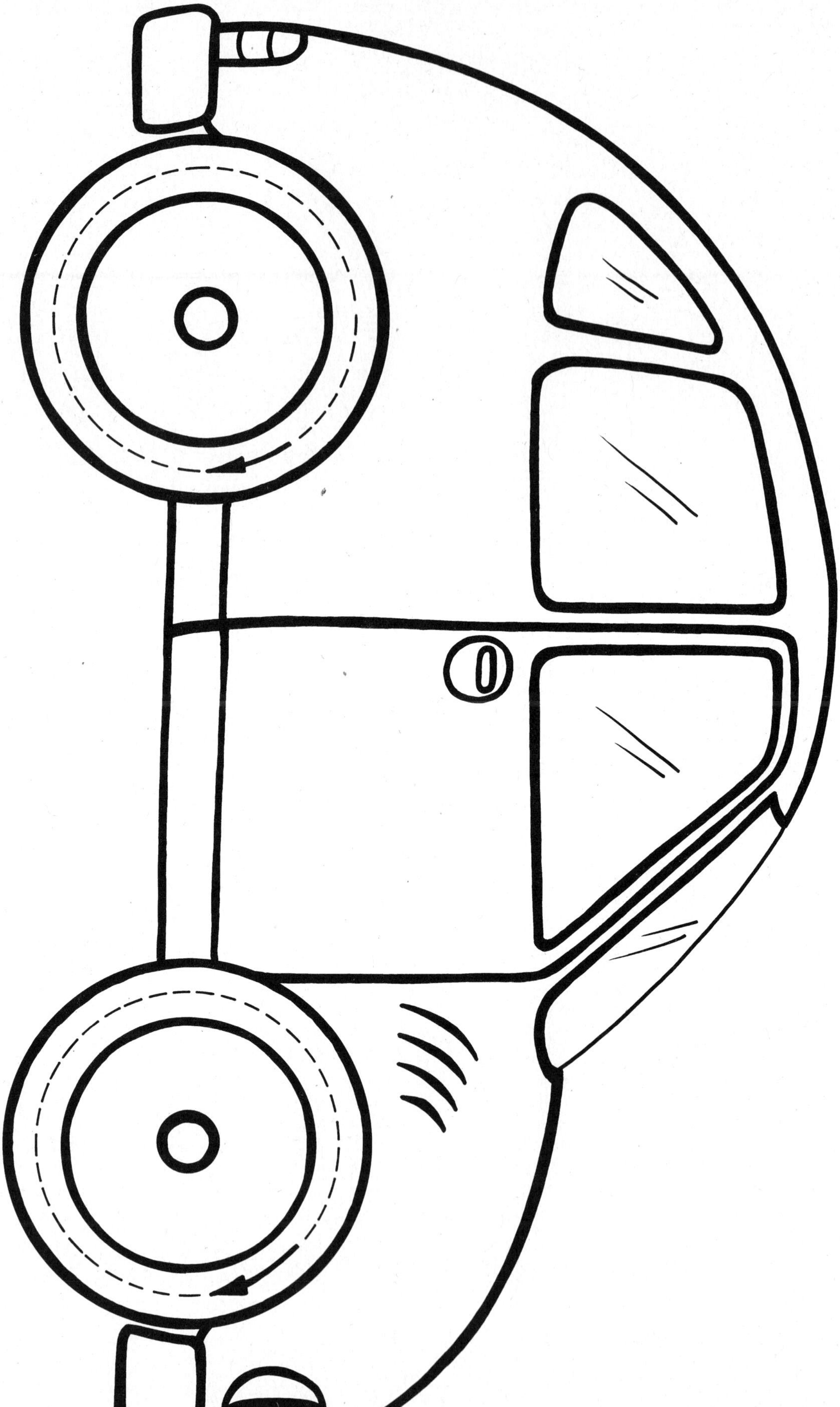

Kreisförmige Strichführung rechts herum. Synchron zu „Räder rollen".

Graphomotorik

Arkaden synchron zu „Hopp!“.

Girlanden synchron zu „Schwung".

Graphomotorik

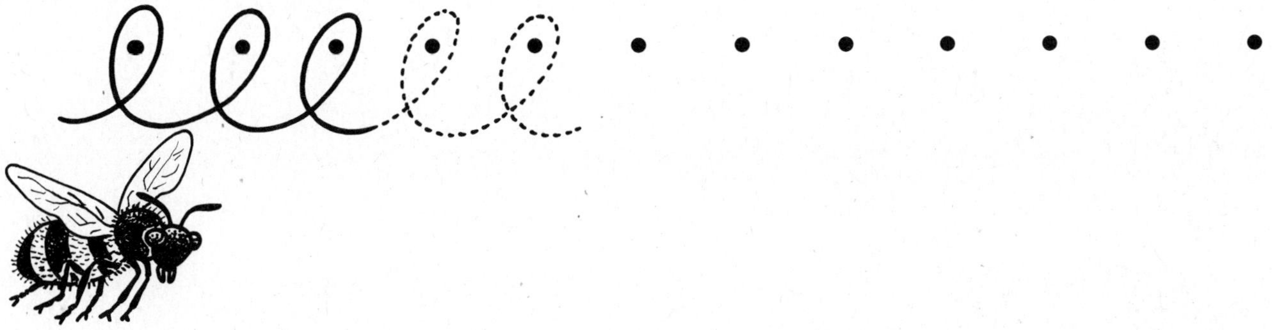

Die Schleifen der Biene und des Dampfers weiterführen. Synchron zu „Summ" bzw. „Dampf".

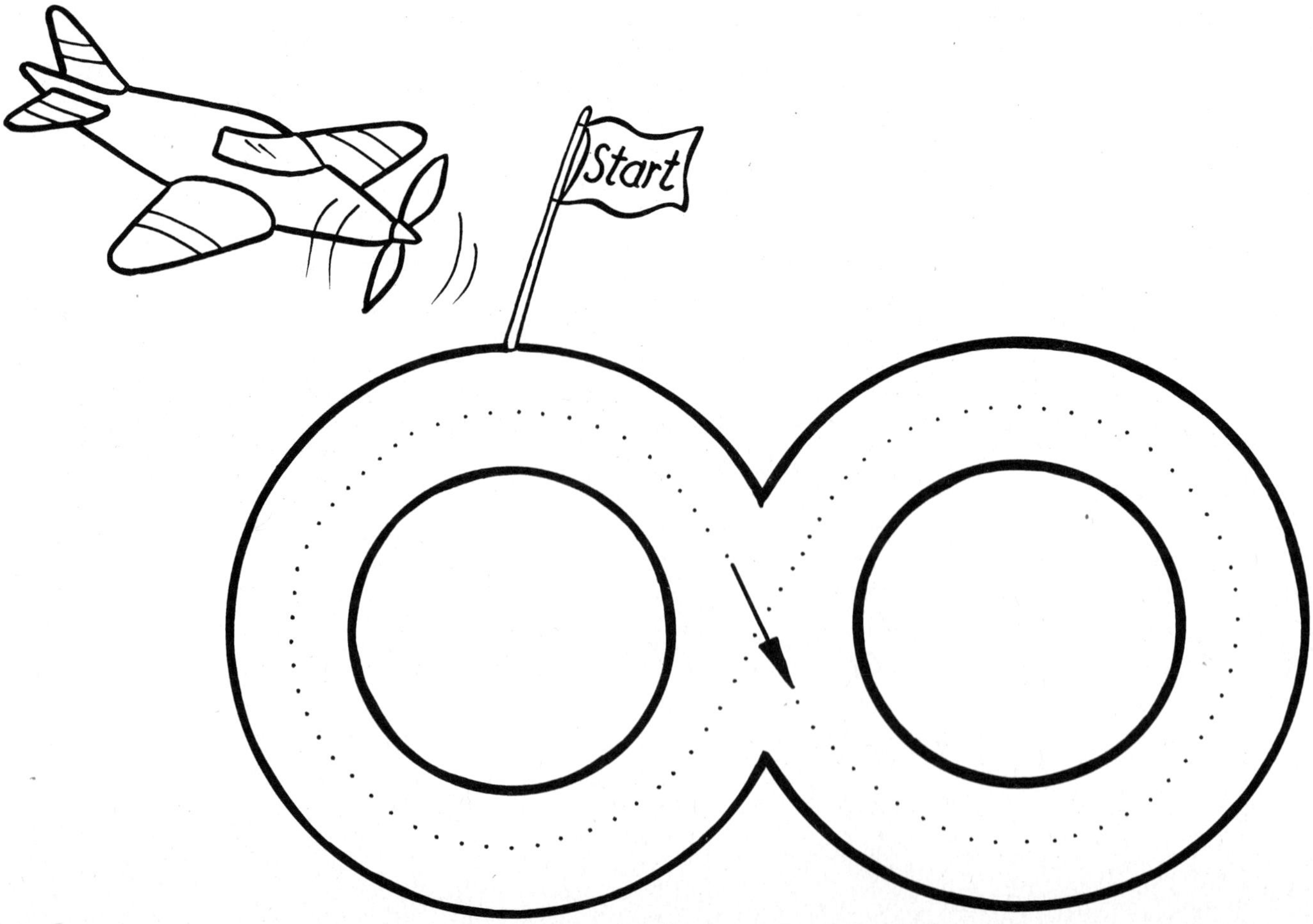

Die Form der Acht entlangfahren. Synchron zu „links herum" – „rechts herum" bzw. „rechts herum" – „links herum".

Graphomotorik

eins drei fünf sie–

zwei vier sechs –ben

in Schu– wird –schrie–

der –le ge– –ben

Fei– Ei– hat Has

–ne –er der

ü– –all –legt Gras.

–ber– ge– ins

Im Silbentakt sprechen und die Punkte verbinden.

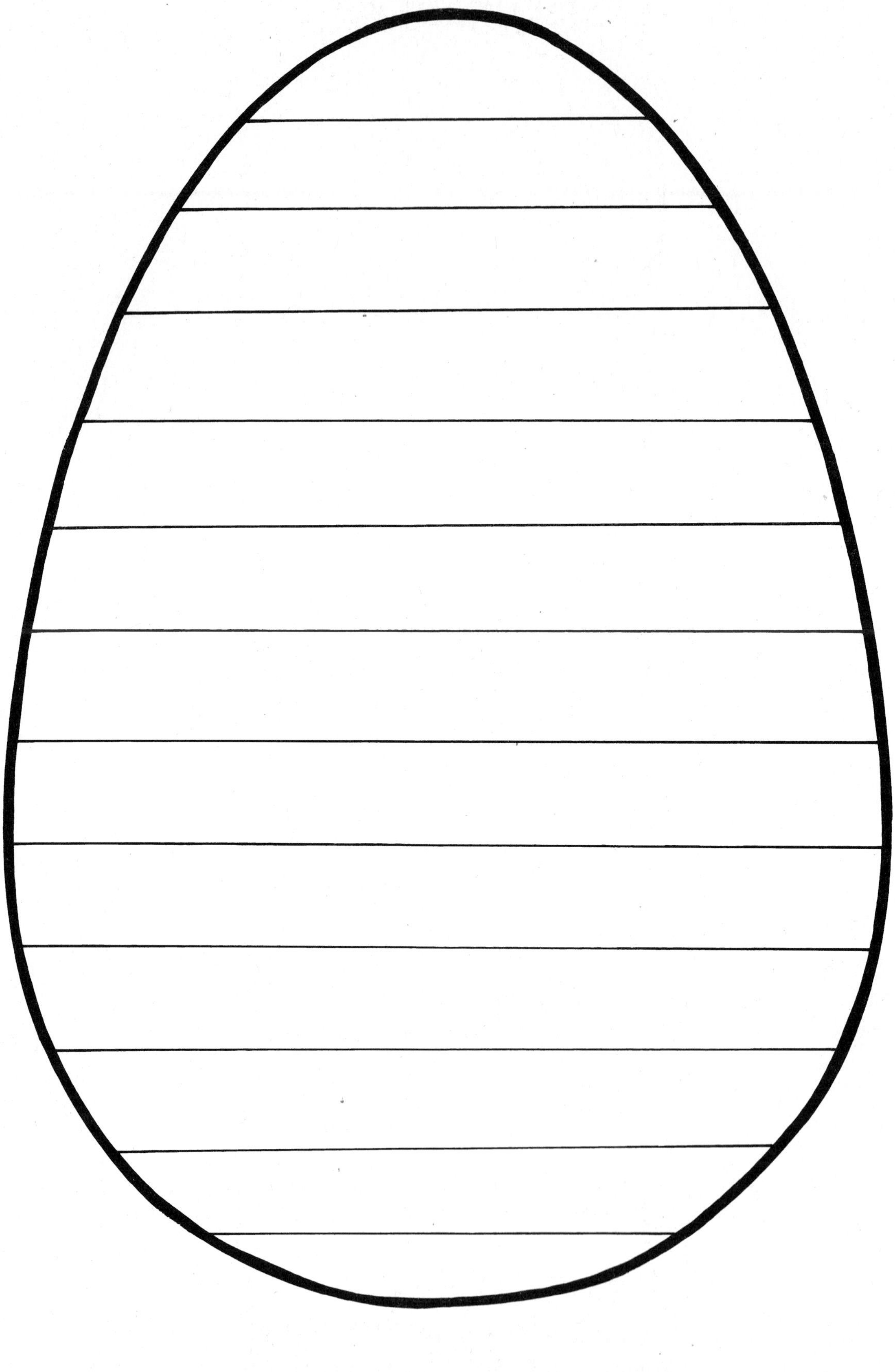

Muster bilden aus den Elementarformen.

Graphomotorik

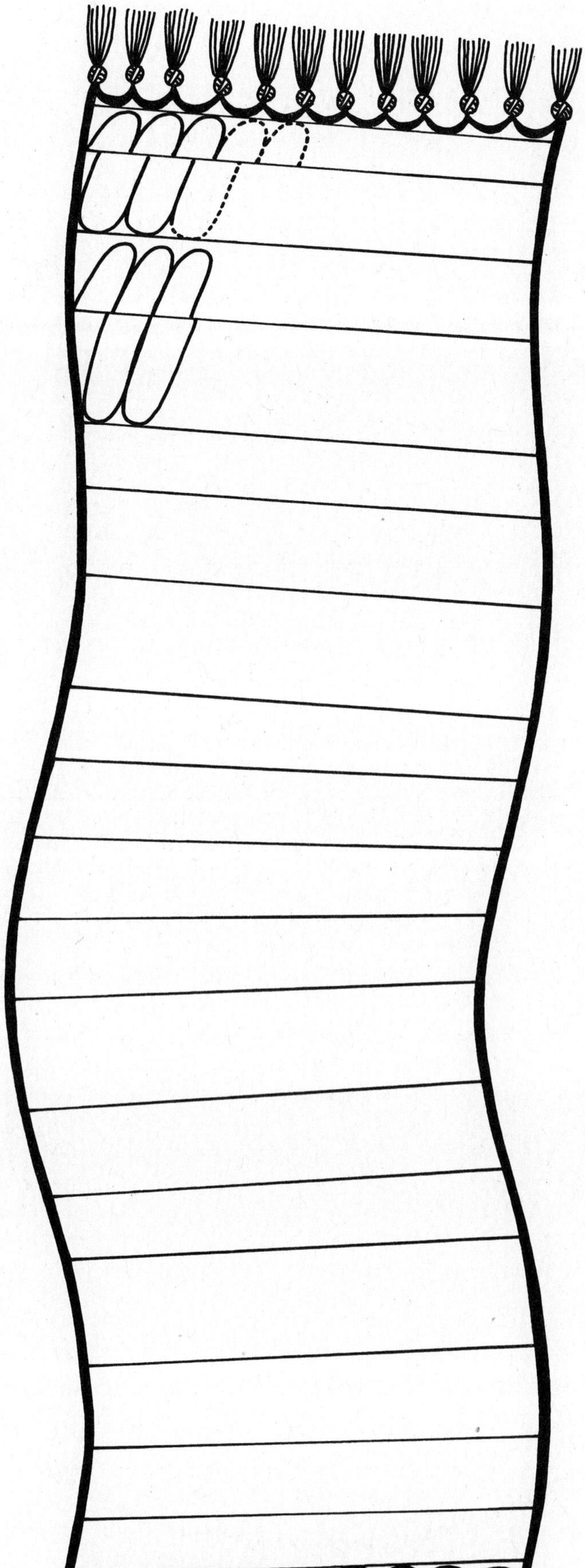

Muster bilden aus den Elementarformen.

Schuleingangstest

entwickelt von

Klaus Kuhn

in Zusammenarbeit mit dem

Bildungszentrum Seelbach

Mildenberger

Der vorliegende Test wurde in Seelbach entwickelt. Wir haben in einer Kooperation mit den Kindergärten Kinder im Vorschuljahr einmal pro Woche in der Schule unterrichtet. Die Aufgabenstellungen der 6 Stationen entsprechen den Übungsinhalten dieser Vorbereitungsmaßnahme. Diese „Vorläuferleistungen" sind aus unserer Sicht für einen erfolgreichen Besuch der 1. Klasse ausschlaggebend. Ohne Vorbereitungsphase können Sie den Test nicht durchführen. Sollte sie in der Kindergartenzeit nicht durchgeführt worden sein, müssen sie die Vorbereitungsphase am Anfang des Schuljahres nachholen. In 10-jähriger Praxis konnten wir erfahren, dass unsere Prognosen zur Schulreife sehr treffsicher sind. Da den Kindern die Aufgabenstellungen im Prinzip vertraut sind und sie die testenden Lehrerinnen und Lehrer kennen, ist es möglich 4 Kinder in einer Gruppe zu testen. Eine Lehrkraft führt den Test durch, eine zweite Lehrkraft führt das Protokoll.

Wichtig ist für uns, dass die durchführenden Lehrerinnen und Lehrer über mehrere Jahre mit dem Test und der Beobachtung der Kinder in den Klassen 1 und 2 betraut sind. Diese persönliche Erfahrung steigert die Kompetenz bei der Beurteilung und der Prognose ganz erheblich.

Durchführung und Bewertung

- Die Durchführung in Gruppen zu vier Kindern dauert ca. 40 Minuten. Leiter(in) und Protokollant(in) (abgekürzt L. bzw. P.) sollten sich zirka 10 Minuten nehmen, um sich über die Bewertungen auszutauschen.
- Das vorgeschlagene Polaritätsprofil ermöglicht eine Beurteilung der einzelnen Leistungen im Vergleich zur Gruppe und dem Standard, welcher an der jeweiligen Schule vorausgesetzt wird. Die aufnehmende Schule entscheidet durch ihr spezielles Förderangebot und ihre Methodenwahl, ob Kinder mit gewissen Ausfällen im Bereich der „Vorläuferleistungen" erfolgreich eingeschult werden können.
- Die übersichtliche Darstellung auf der Fläche einer „Postkarte" ist sehr praktikabel und bildet die Leistungsfähigkeit zutreffend ab.
- Eine mehrjährige Erfahrung bei der Durchführung der Testaufgaben und der damit verbundenen Vorbereitungsphase schärft den Blick für die wesentlichen Voraussetzungen für eine erfolgreiche Schullaufbahn.

Station 1

Ballwurf

- Die Kinder sitzen L. gegenüber und werfen dem Lehrer mit einer Hand einen Softball zu. Gleichzeitig stellen sie sich vor: „Ich heiße ...!"
- Die Hilfe für das Werfen mit einer Hand lautet in der Übungsphase: „Wir werfen den Ball am Ohr vorbei!"
- P. stellt die Wurfhand fest und achtet auf die Koordination von Werfen und Sprechen. Laufen beide Prozesse gleichzeitig oder versetzt ab?

Begrüßung:
eventuell zuvor Namensschilder erstellen

Ballwurf:
(mit einer Hand) + „Ich heiße ...!"

Beobachtung:
rechte Hand – linke Hand

Koordination:
synchron – asynchron

Material:
ein Softball

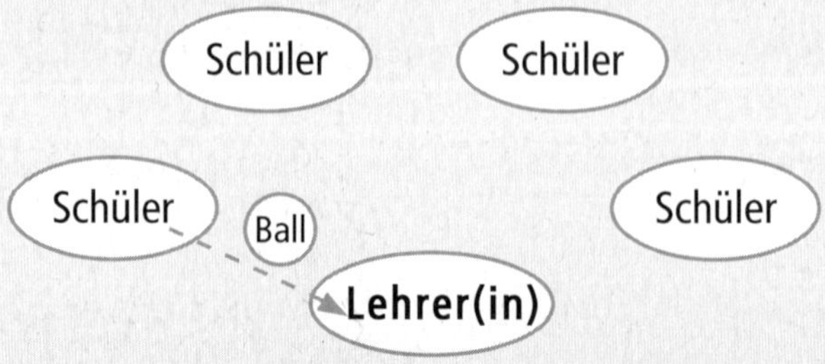

Texterfassung

- L. spricht einen Zweizeiler vor. Die Kinder wiederholen den Vers und schlagen im Silbentakt auf die Knie. Wenn nötig wiederholt L. den Text.

Silbentakt

- P. achtet auf die Wiedergabe der Kinder und das synchrone Klatschen.

Texterfassung:
schnell – nach Wiederholung

Silbentakt:
synchron – asynchron

2-Zeiler:
1 2 3 4 5 6 sie-ben
in der Schule wird geschrieben

Alle Kinder sprechen (chorisch) und schlagen auf die Knie im Silbentakt.

Station 2

In der zweiten Station schneiden die Kinder einen Fisch (KV 2) aus. Zuvor werden sie darauf hingewiesen, dass auch Linkshänderscheren zur Verfügung stehen. P. beobachtet das Arbeitstempo und die Ausführung (wird genau an den Linien geschnitten, werden Flossen abgetrennt usw.).

Arbeitstempo:
zügig – zögernd

Durchführung:
genau – ungenau

Material:
Kopiervorlage 2: Fisch
Schere

Station 3

Für die Vorbereitungsphase haben wir bis zur Menge „6" Dominokarten entwickelt, welche sich in mehreren Variationen immer weiter von der Anordnung auf dem Würfel entfernen. Mit diesen Karten wird auch der Test durchgeführt. L. teilt jedem Kind 3 Karten aus und beginnt, indem sie eine Karte in die Mitte legt. Die Kinder sollen ihre Karten zu einer Straße anlegen. P. stellt fest, ob die Kinder die Mengenbilder spontan erfassen oder ob sie die einzelnen Elemente auf den Karten abzählen.

Mengenerfassung:
simultan – abzählend

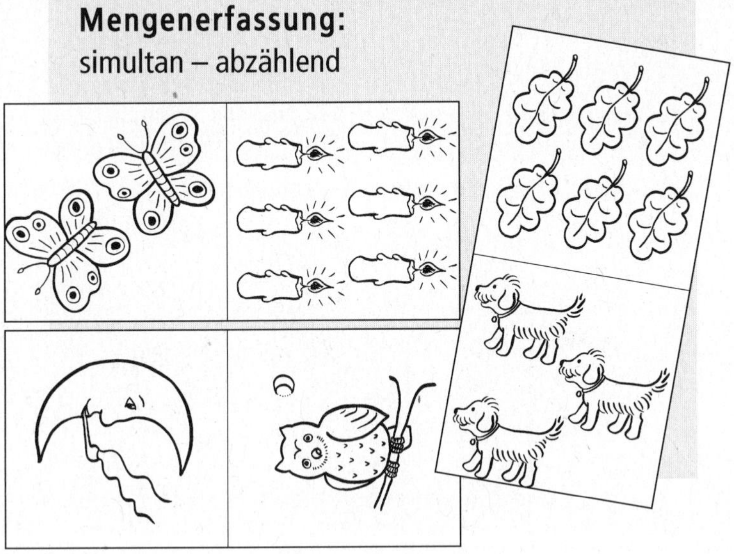

Material:
Kopiervorlage 3 bis 10: Dominokarten, Schere

Dominokarten ausschneiden, ausmalen und eventuell zur besseren Stabilität laminieren

Anweisung Domino:

- „Wir legen gemeinsam eine Straße. Ich gebe jedem Kind zunächst 3 Karten."
- Kann nicht abgelegt werden, wird jeweils eine weitere Karte ausgegeben.
- Wird jede Möglichkeit schnell gesehen – werden Karten übersehen?

Station 4

In der Vorbereitungsphase spielt das Silbieren eine herausragende Rolle. Idealerweise stellen Sie die Silbenbärchen aus Holz her. Dafür benötigen Sie Holzleisten mit einer Nut, in welche die Bärchen in Schreibrichtung eingestellt werden können. Die Rückseite der Bärchen ist nicht bemalt. Natürlich können Sie die Bärchen auch problemlos auf festen Karton kopieren und verwenden. Sie können dann einfach auf den Tisch gestellt werden.

L. spricht jedem Kind ein mehrsilbiges Wort silbierend vor. Das Kind soll für jede Silbe ein Bärchen aufstellen und das Wort wiederholen. Bei der Wiederholung zeigt es mit der Malhand synchron auf die Bärchen.
P. beurteilt die Silbenerkennung und die Synchronität von Sprechen und Zeigefinger.

Silbenkennung:
spontan – mit Hilfe

Wiederholung:
mit Zeigefinger + Sprache
synchron – asynchron

Material:
Kopiervorlage 11: mind. 4 Bärchen herstellen

Anweisung Silbenbärchen:
- „Wie viel Bärchen braucht man für das Wort Win-ter-man-tel?"
- „Wiederhole das Wort und zeige auf das zugehörige Bärchen!"
- Jedes Kind ein Wort
- **Wörter:** Win-ter-man-tel
  Au-to-rei-fen
  Hun-de-lei-ne
  Kin-der-gar-ten
  Mö-bel-wa-gen
  Gar-ten-lau-be
  Mor-gen-rö-te

Station 5

Die Erfassung der Raumlage (links–rechts) nimmt in der Vorbereitung einen breiten Raum ein. An vielen ähnlichen Aufgabenstellungen wird diese Fähigkeit gefördert. Zunächst müssen mit Hilfe der Kopiervorlage 12 die dafür notwendigen Streifen erstellt werden. Dazu die Motive an den eingezeichneten Schnittlinien ausschneiden und die Streifen laminieren.

L. zeigt allen Kindern eine Übungsaufgabe: „Welcher Hund passt nicht in die Reihe?" Nachdem die Lösung besprochen ist, soll jedes Kind an einem eigenen Tisch eine Aufgabe lösen. Mit Spielsteinen werden die entsprechenden Tiere markiert. P. notiert die Ergebnisse.

Beobachtung:
Erfassung der Raumlage
direkt – zögernd

Material:
Kopiervorlage 12 auf DIN A3 kopieren, laminieren

Anweisung:
- Zuerst eine Probeaufgabe für alle: „Welcher Hund passt nicht in die Reihe?" Jedes Kind erhält zeitgleich einen Streifen.
- „Welche passen nicht in die Reihe?" Mit Spielsteinen die Tiere markieren.

Station 6

Die Koordination von Sprache und Hand ist für die erfolgreiche Teilnahme am 1. Schuljahr von herausragender Bedeutung. Deshalb wird sie im vorliegenden Test in verschiedenen Situationen und Schwierigkeitsgraden überprüft. Die Kinder sollen einzeln den Zweizeiler der 1. Station aus dem Gedächtnis nochmals aufsagen und synchron zum Silbensprechen mit der Malhand über die Zickzacklinie der Schlange fahren.

P. achtet auf den Text und die Koordination von Silbensprechen und Zeigefinger.

Textwiedergabe:
unverändert – verändert

Koordination:
zügig – asynchron

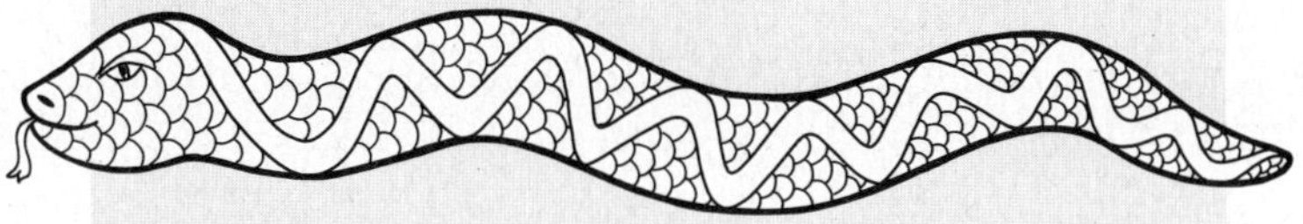

Material:
Kopiervorlage 13 auf DIN A3 kopieren, laminieren

Anweisung:

- „Sprich den Vers von Station 1, fahre mit dem Zeigefinger in Silben über die Schlange!"
- Wird der Text flüssig und unverändert wiedergegeben?
- Gelingt die Koordination von Silbensprechen und Zeigefinger?

Auswertungsbeispiele

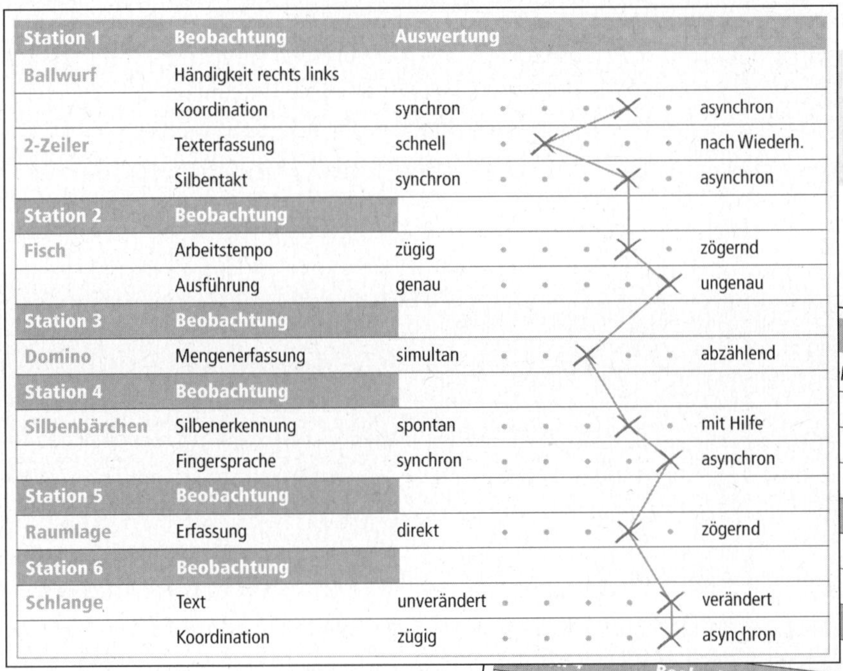

Station 1	Beobachtung	Auswertung		
Ballwurf	Händigkeit rechts links			
	Koordination	synchron	• • • X •	asynchron
2-Zeiler	Texterfassung	schnell	• X • • •	nach Wiederh.
	Silbentakt	synchron	• • • X •	asynchron
Station 2	**Beobachtung**			
Fisch	Arbeitstempo	zügig	• • • X •	zögernd
	Ausführung	genau	• • • • X	ungenau
Station 3	**Beobachtung**			
Domino	Mengenerfassung	simultan	• • X • •	abzählend
Station 4	**Beobachtung**			
Silbenbärchen	Silbenerkennung	spontan	• • • X •	mit Hilfe
	Fingersprache	synchron	• • • • X	asynchron
Station 5	**Beobachtung**			
Raumlage	Erfassung	direkt	• • • X •	zögernd
Station 6	**Beobachtung**			
Schlange	Text	unverändert	• • • • X	verändert
	Koordination	zügig	• • • • X	asynchron

typisches Profil von einem Kind mit LRS-Risiko

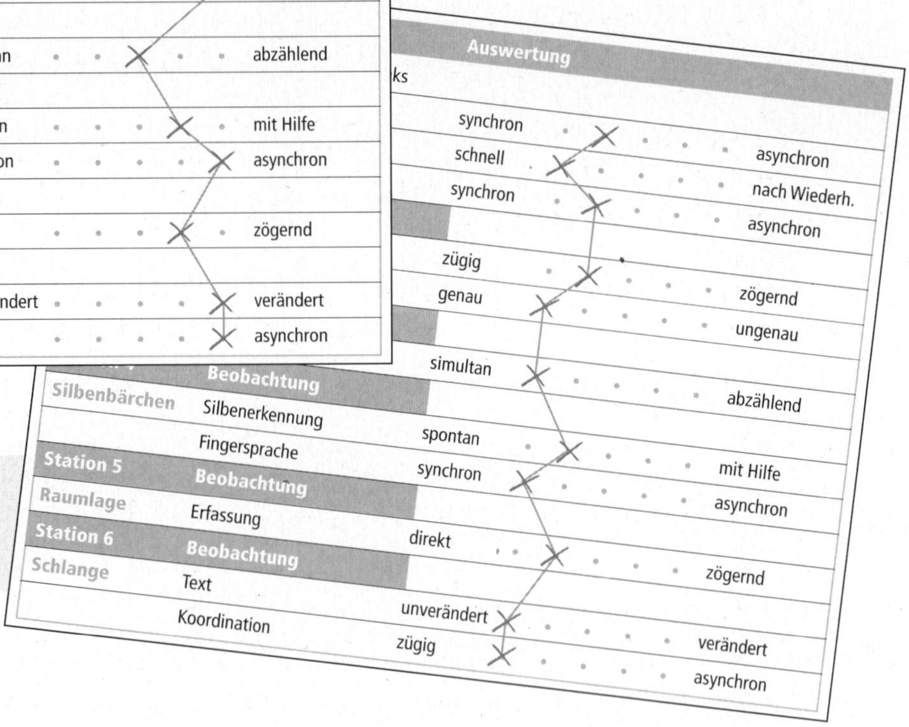

typisches Profil von einem Kind ohne LRS-Risiko

Schuleingangstest

Name: Alter (Monat/Jahr):

Station 1	Beobachtung	Auswertung						
Ballwurf	Händigkeit rechts–links							
	Koordination	synchron	•	•	•	•	•	asynchron
2-Zeiler	Texterfassung	schnell	•	•	•	•	•	nach Wiederh.
	Silbentakt	synchron	•	•	•	•	•	asynchron
Station 2	**Beobachtung**							
Fisch	Arbeitstempo	zügig	•	•	•	•	•	zögernd
	Ausführung	genau	•	•	•	•	•	ungenau
Station 3	**Beobachtung**							
Domino	Mengenerfassung	simultan	•	•	•	•	•	abzählend
Station 4	**Beobachtung**							
Silbenbärchen	Silbenerkennung	spontan	•	•	•	•	•	mit Hilfe
	Fingersprache	synchron	•	•	•	•	•	asynchron
Station 5	**Beobachtung**							
Raumlage	Erfassung	direkt	•	•	•	•	•	zögernd
Station 6	**Beobachtung**							
Schlange	Text	unverändert	•	•	•	•	•	verändert
	Koordination	zügig	•	•	•	•	•	asynchron

Kommentar:

So oft kopieren, dass jeder Schüler einen eigenen Fisch zum Ausschneiden erhält.

Domino

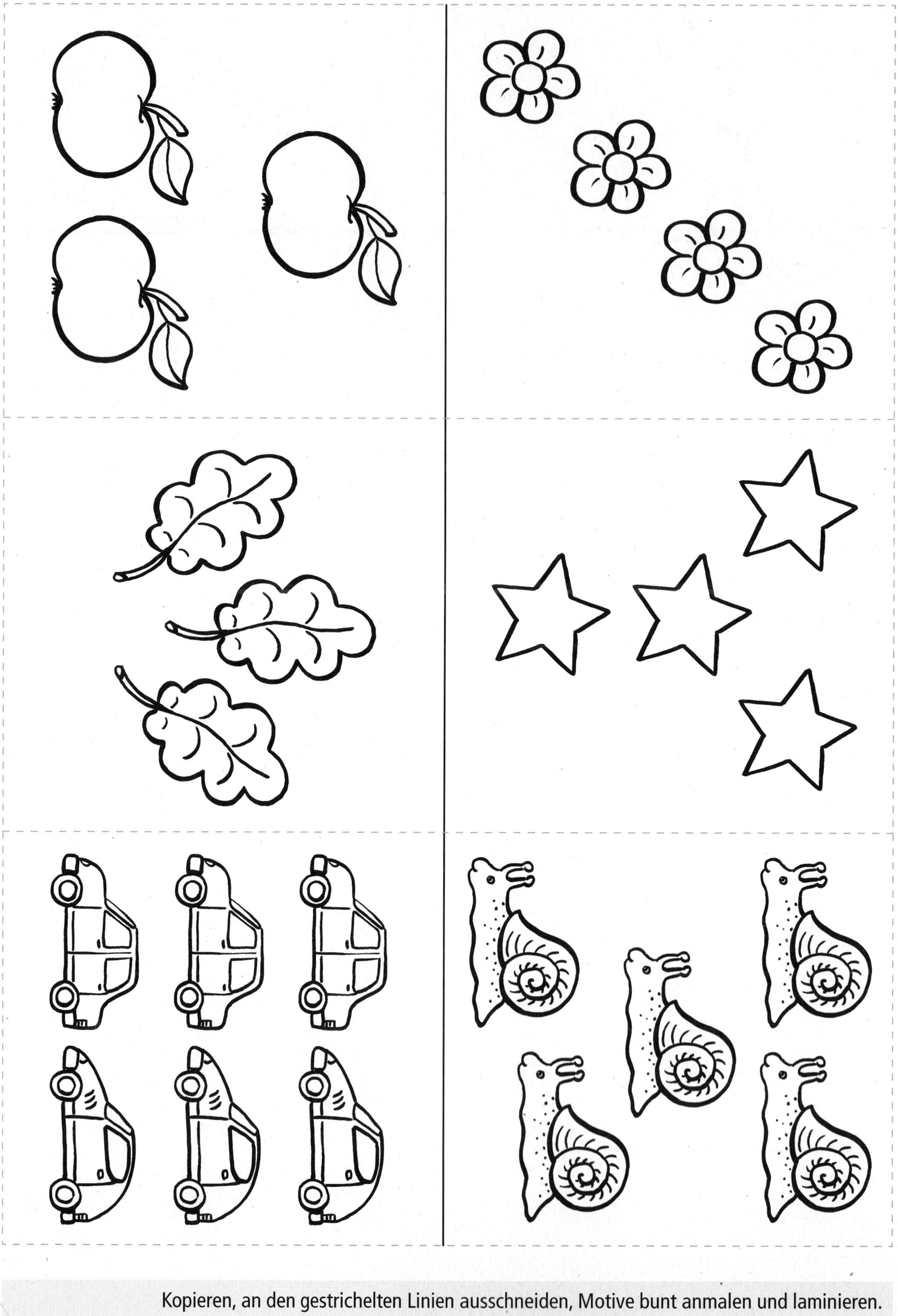

Kopieren, an den gestrichelten Linien ausschneiden, Motive bunt anmalen und laminieren.

Domino

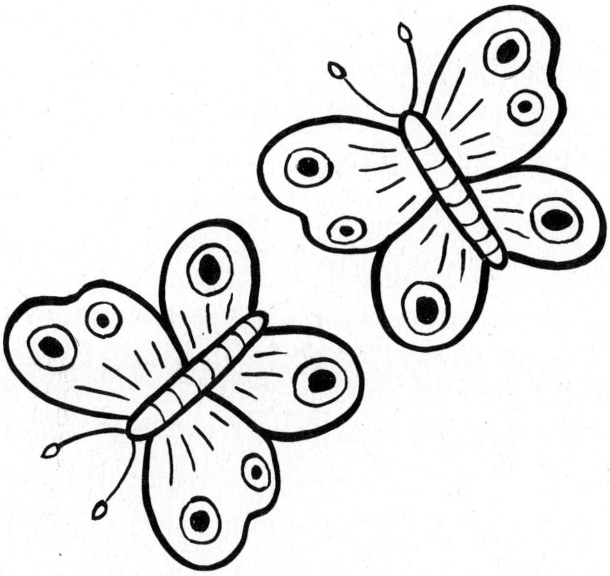

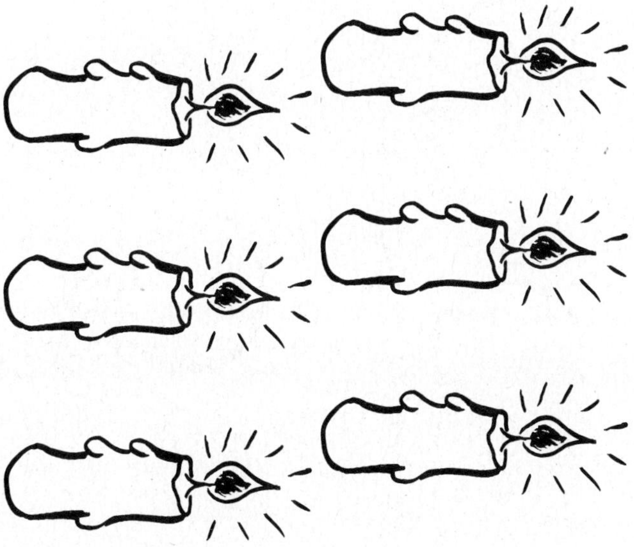

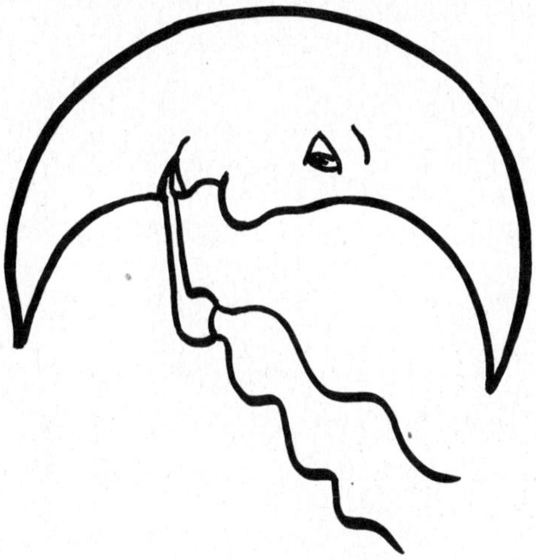

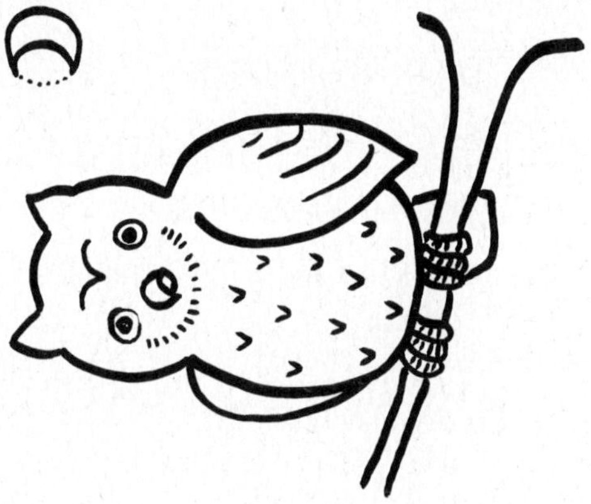

Kopieren, an den gestrichelten Linien ausschneiden, Motive bunt anmalen und laminieren.

Domino

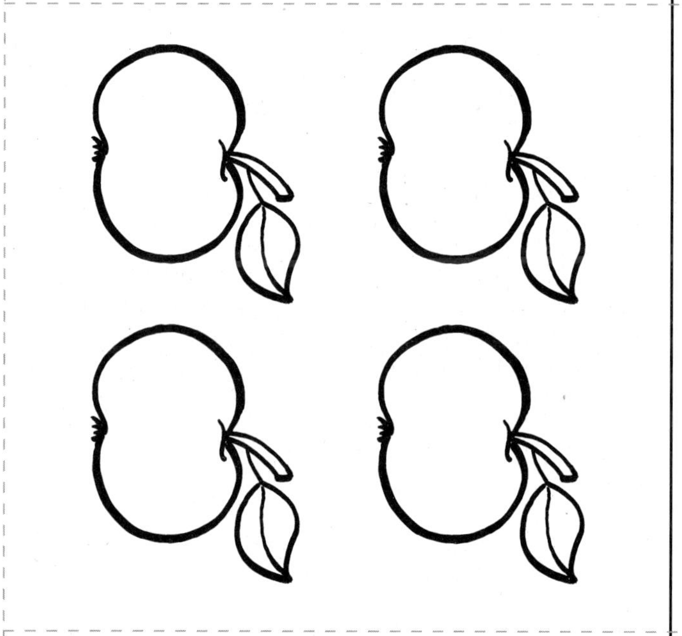

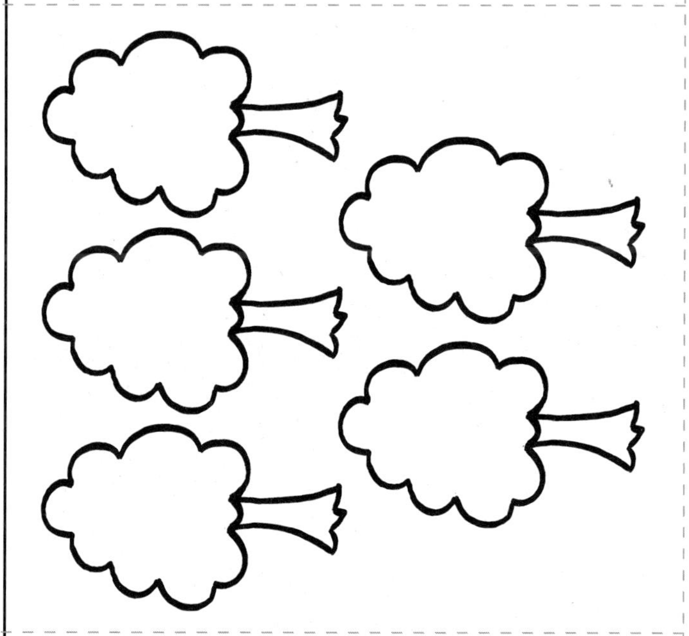

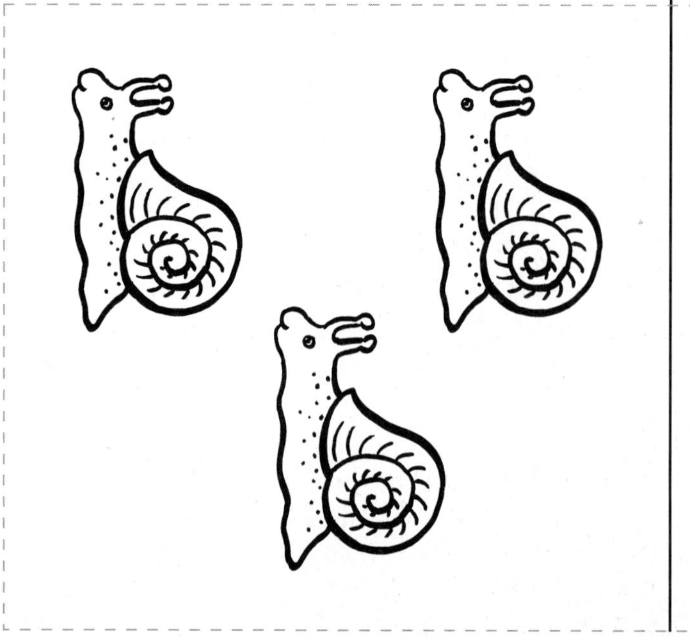

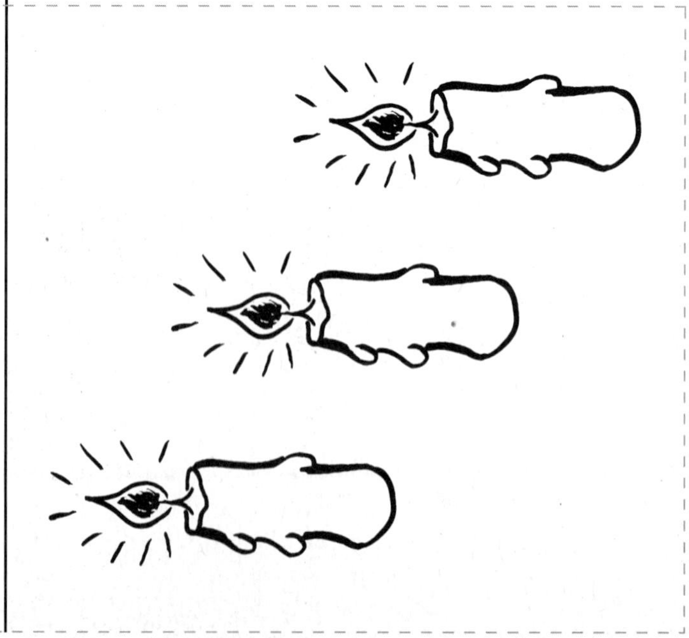

Kopieren, an den gestrichelten Linien ausschneiden, Motive bunt anmalen und laminieren.

Domino

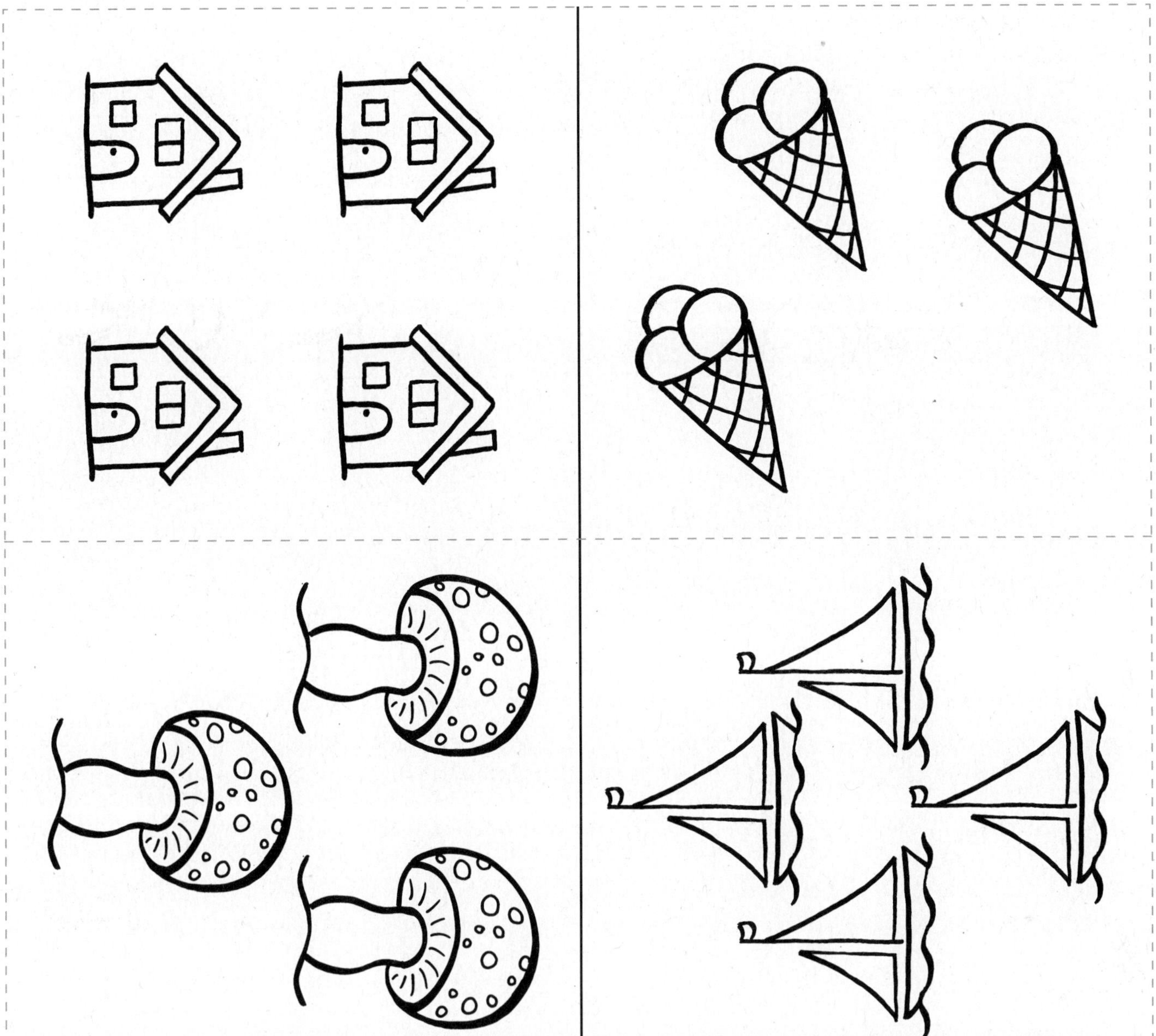

Kopieren, an den gestrichelten Linien ausschneiden, Motive bunt anmalen und laminieren.

Domino

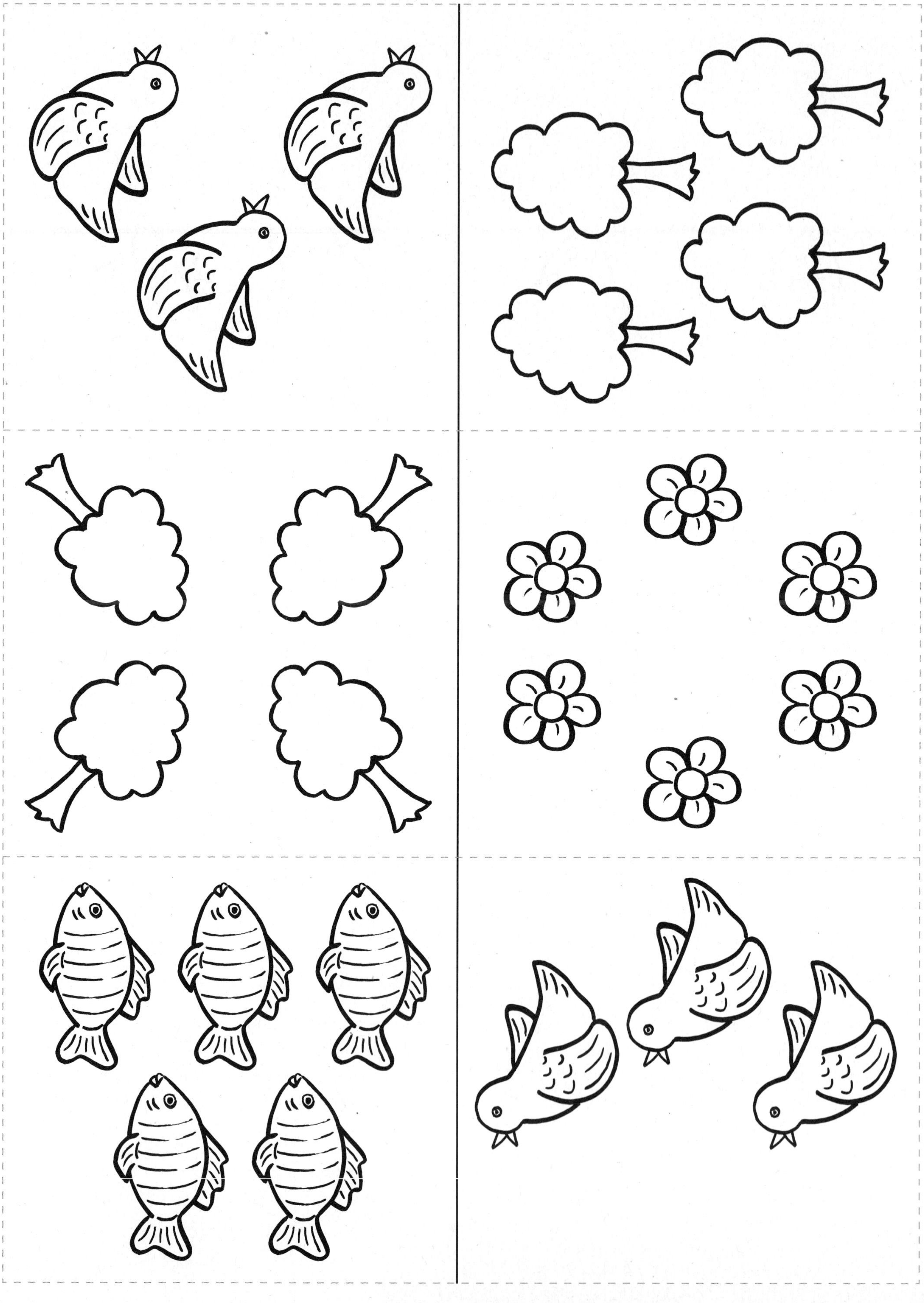

Kopieren, an den gestrichelten Linien ausschneiden, Motive bunt anmalen und laminieren.

Domino

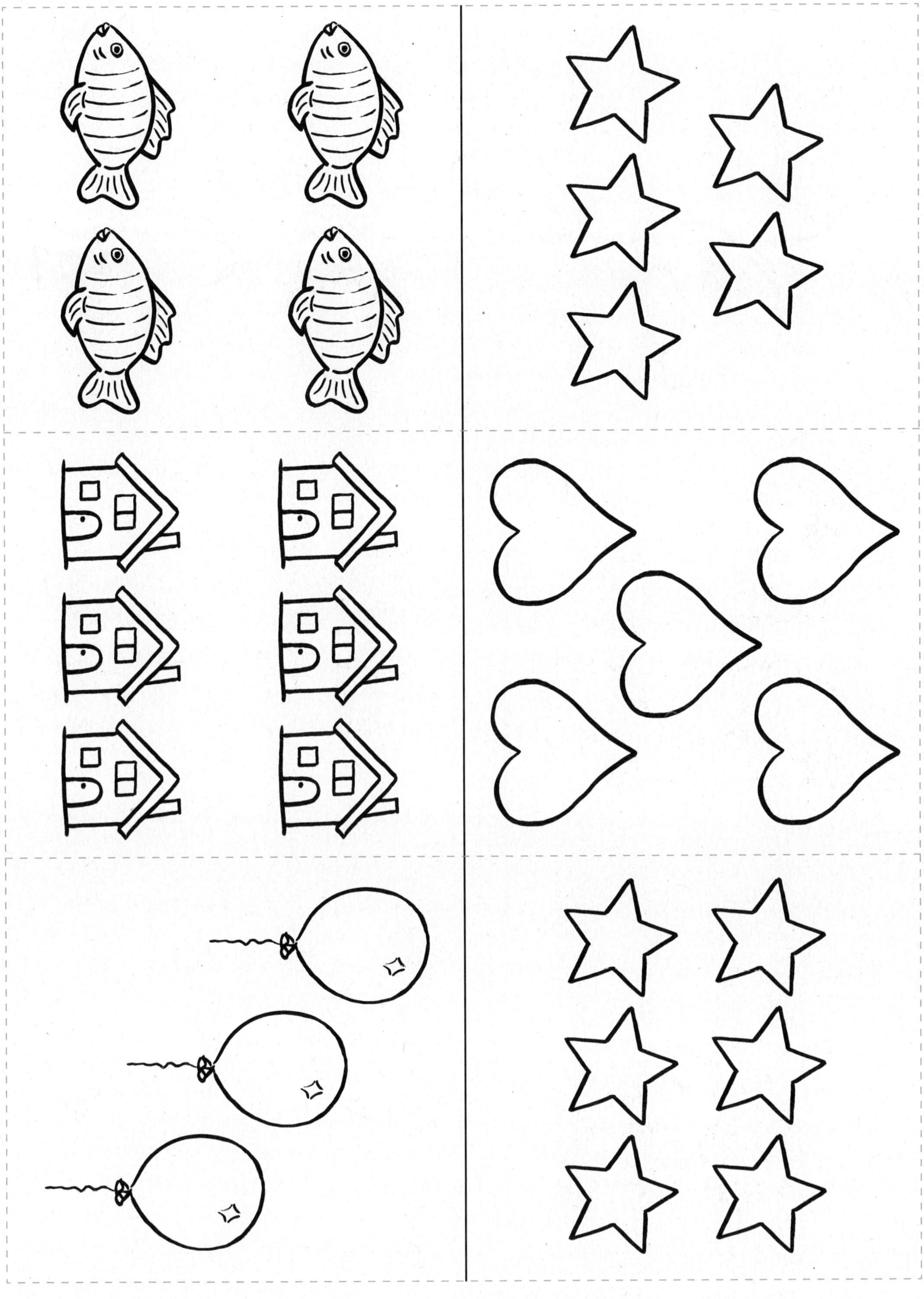

Kopieren, an den gestrichelten Linien ausschneiden, Motive bunt anmalen und laminieren.

Domino

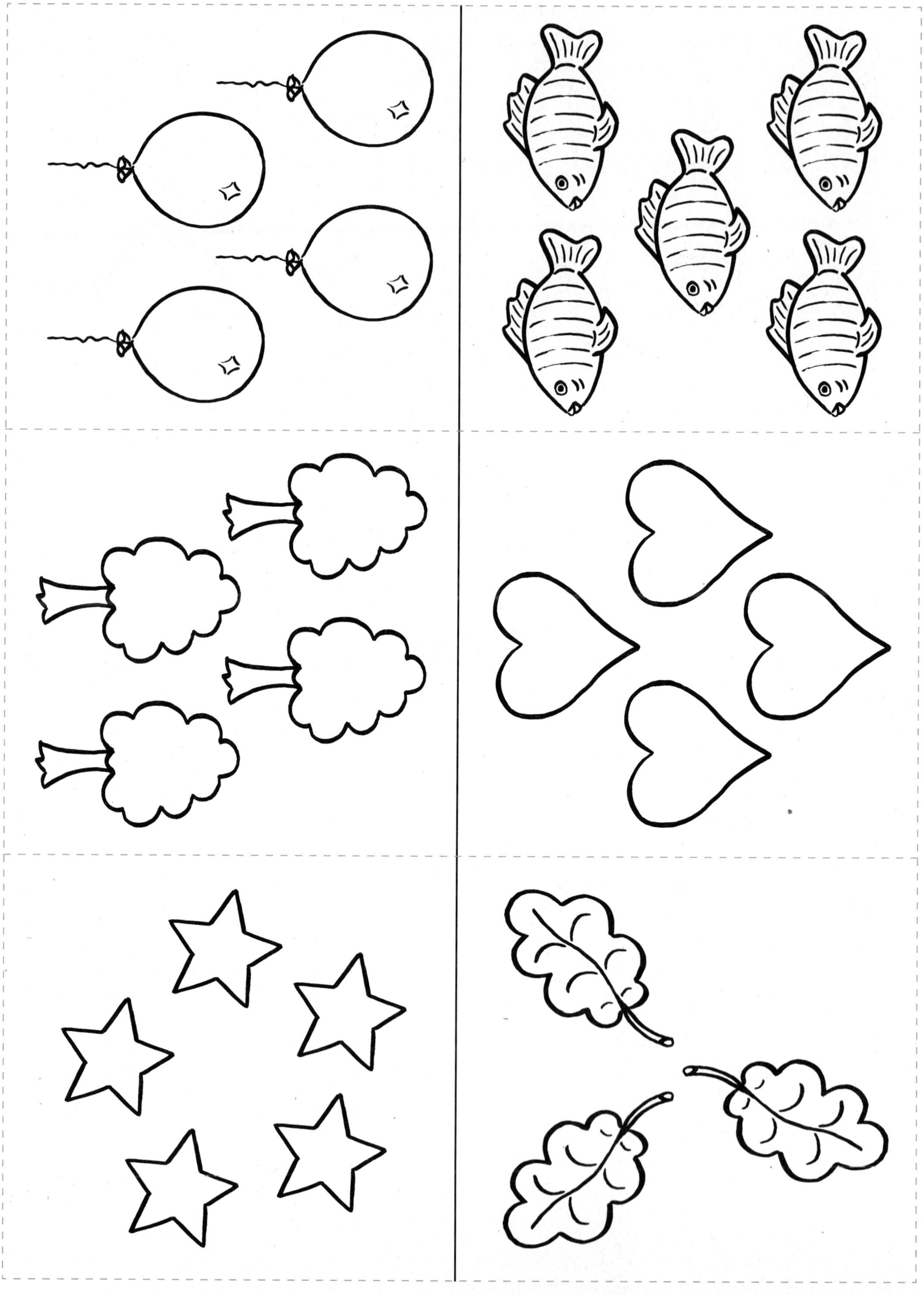

Kopieren, an den gestrichelten Linien ausschneiden, Motive bunt anmalen und laminieren.

Domino

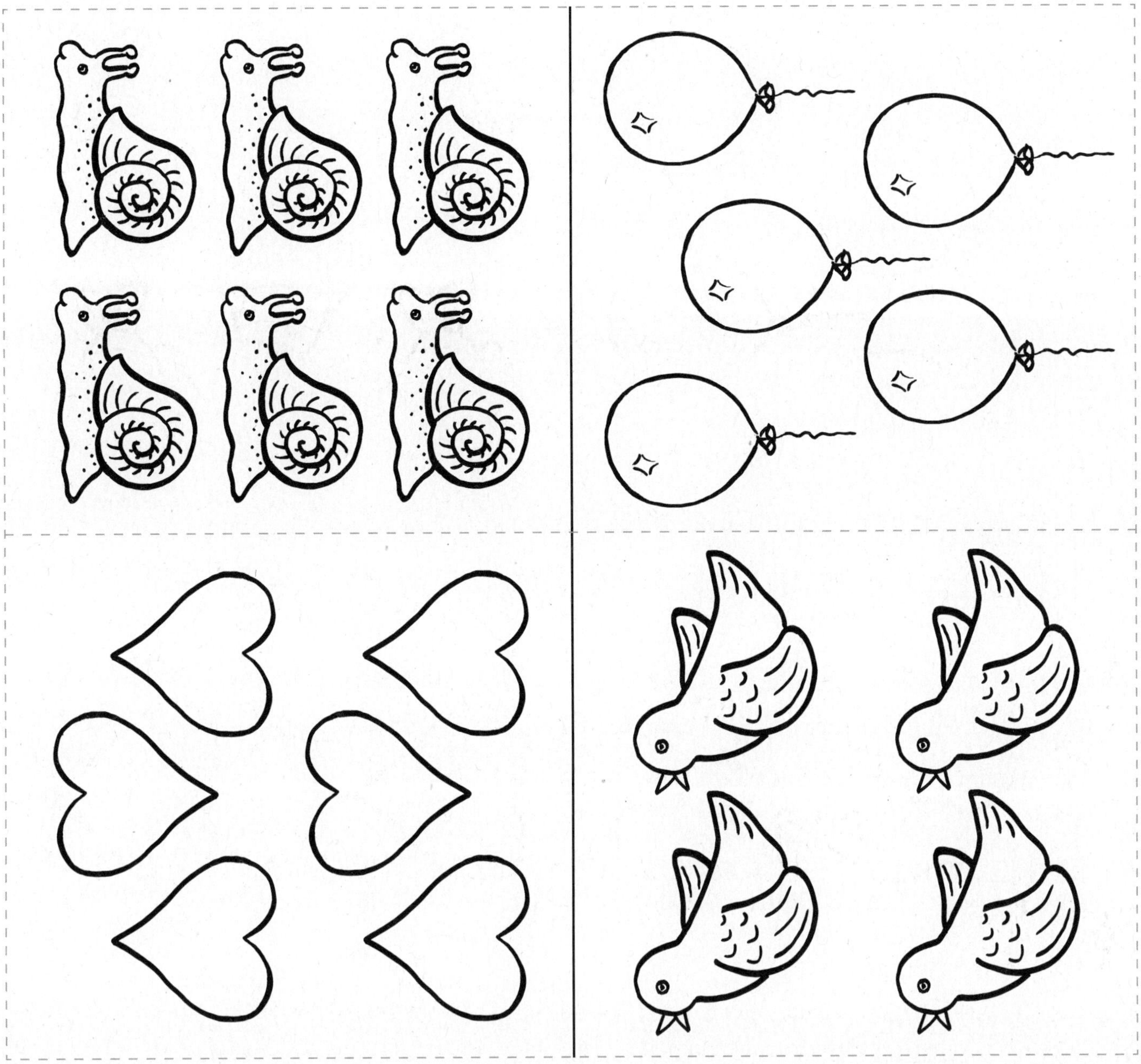

Kopieren, an den gestrichelten Linien ausschneiden, Motive bunt anmalen und laminieren.

Silbenbärchen

Entweder die Kopiervorlage auf Karton kopieren oder auf Holz übertragen. Es müssen **mindestens 4** Bärchen für Station 4 hergestellt werden.

Raumlage

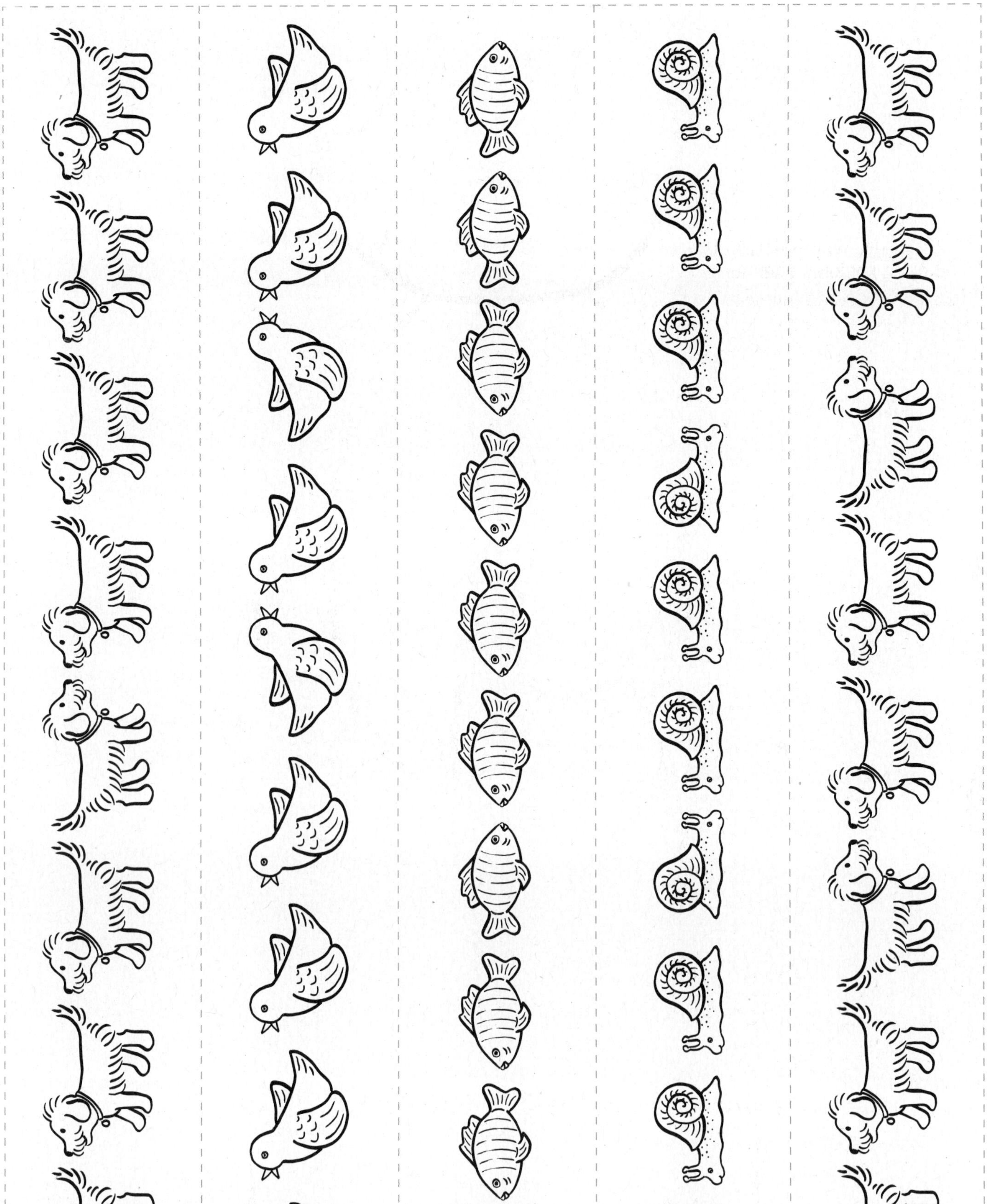

Die Kopiervorlage auf DIN A3 kopieren, an den gestrichelten Linien ausschneiden und laminieren.

Schlange

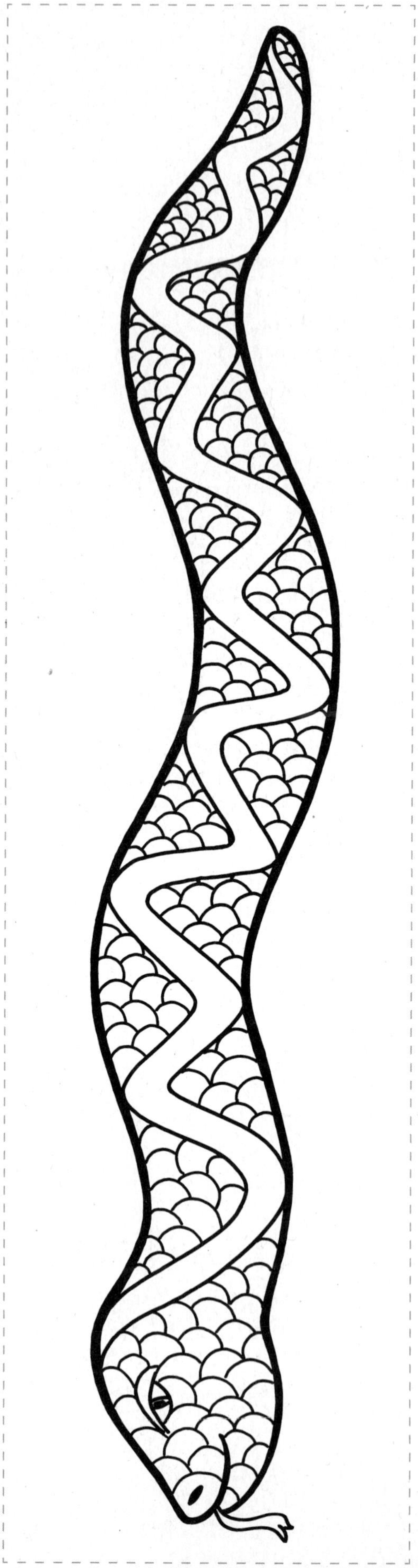

Die Kopiervorlage auf DIN A3 kopieren, an den gestrichelten Linien ausschneiden und laminieren.